법의 주인은 나야 나!

법에
숨겨진 이야기

법에
숨겨진 이야기

2024년 12월 10일 초판 1쇄 발행

글	양지열

책임편집	김세라
디자인	박정화, 김다솜
표지 그림	김휘승
마케팅	김선민
관리	장수댁
인쇄	정우피앤피
제책	바다제책

펴낸이	김완중
펴낸곳	내일을여는책

출판등록	1993년 01월 06일(등록번호 제475-9301)
주소	전라북도 장수군 장수읍 송학로 93-9(19호)
전화	063) 353-2289
팩스	0303-3440-2289
전자우편	wan-doll@hanmail.net
블로그	blog.naver.com/dddoll

ISBN	978-89-7746-878-8 43360

법의 주인은 나야 나!

법에 숨겨진 이야기

| 글 양지열 |

내일을여는책

목차

"왜요? 왜 그래야 하는데요?"

어린 아이는 끊임없는 질문으로 어른들을 괴롭히곤 합니다. 자라면서 어느 즈음에는 멈추지요. 이런저런 일들을 겪으며 자연스레 배우고 익히기 때문이겠지요. 정확하게 알지 못하지만 그러려니 하면서 주변을 따라하기도 합니다. 그렇게 지내다 갑자기 물음표가 떠오릅니다. 국가에서 이뤄지는 중요한 결정, 사회에서 벌어지는 각종 사건, 혹은 일상에서 맞닥뜨린 일들을 이해하기 어려울 때입니다.

받아들이기 힘들고 심지어 억울하게 여겨질 수 있습니다. '세상에 그런 법이 어디있어!'라며 불만을 터뜨리고는 하지요. 진짜, 그런 법이 없는 걸까요? 대개는 있습니다.

법은 많은 사람들이 서로 부딪히지 않고 함께 살기 위한 약속입니다. 빨간불에서 누군가 멈추면, 누군가는 초록불을 보고 길을 갑니다. 신호를 착각하거나 제대로 보지 못하는 바람에 다른 사람과 부딪히는 겁니다.

깊은 산속에서 혼자 살지 않는 한 '법 없이도 살 사람'은 없습니다. 대한민국 사람에게는 언제나 대한민국의 법이 따라다닙니다. 국회의원들이 한 사람 한 사람의 국민을 대표해 국회에서 만든 것입니다. 스스로 손가락을 걸고 만든 약속이나 마찬가지인 셈입니다. 몰랐다고 할 수 없습니다. 정치에 맡겨 놓았으니 그저 알아서 해주겠거니 한다면 주인이기를 포기하는 일입니다.

법에 관한 관심을 불러 일으키기 위한 방법으로 '왜'를 꺼냈습니다. 왜 그렇게 어려운 말들을 쓰는지, 청소년은 왜 가볍게 처벌하는지, 왜 변호사는 흉악한 범죄자를 돕는지, 부모님은 왜 자녀에게 이래라 저래라 하는지, 그런 것들까지 왜 법으로 정해 놓았는지… 법에 숨겨진 이야기를 통해 법에 한발짝 가까이 다가갈 수 있도록 했습니다.

그저 이해하고 받아 들이라는 뜻이 아닙니다. 세상은 끊임없이 바뀝니다. 다른 공간, 다른 시대라면 사람들의 생각도 달라집니다. 변화를 반영하지 못하는 낡은 법은 올바른 법이 되기 어렵습니다. 사람들의 발목을 잡고 괴롭힐 수 있습니다. 잘못된 법 때문에 나의 삶이 힘들다면 바로 잡아야겠지요. 법을 왜 알아야 하는지에 관한 대답입니다.

만약 형사재판 판사라면?

도윤이와 재욱이는 같은 반 짝이랍니다. 성장기여서 그런지 먹는 일에는 똑같이 '진심'이었어요. 평소에는 사이가 좋았는데, 어느 날 급식 메뉴였던 닭갈비 때문에 사달이 났습니다. 닭갈비가 너무 맛있었던 거예요. 먹는 속도가 살짝 빨랐던 도윤이가 재욱이 식판의 닭갈비마저 쓸어 버렸습니다. 진공청소기처럼 흡입해 버린 겁니다.

화를 참지 못한 재욱이는 숟가락을 마구 휘둘렀습니다. 도윤이가 급히 일어서면서 아슬아슬하게 피했는데요. 그와중에 옆자리 예준이의 식판을 뒤집어 버렸습니다. 밥 먹는 시간까지 아껴가며 공부하던 예준이가 날벼락을 맞은 겁니다. 급식을 못 먹게 된 건 말할 필요도 없고요. 된

장국이 쏟아지면서 요점 정리 노트를 푹 적셔 버렸습니다.

법전에 쓰인 어려운 단어들

조금 우습기는 하지만 있을 수 있는 일이잖아요? 그렇다고 해주세요. 한 번 양보한 김에 살짝 더 물러나 줄 수 있지요? 세 사람의 등장인물 사이 일들에 대해 '법대로' 한번 따져봅시다. 형사재판을 맡은 판사라면 무슨 법을 어떻게 적용할지 말이에요. 너무 깊이 들어가면 끝도 없으니까 살짝 맛을 느끼는 정도로요.

급식실이 엉망진창이 된 상황인데요. 우선 누가 무슨 일을 벌인 건지 하나하나 떼어 놓습니다. 잘잘못을 판단하기 이전에 사실관계부터 파악해야 합니다. '육하원칙' 중 '누가, 언제, 어디서, 무엇을, 어떻게'까지 결과가 먼저입니다. '왜' 그랬는지는 결과에 대해 법을 적용하는 과정에서 필요하고요.

먼저 도윤이가 허락 없이 닭갈비를 가져갔습니다. 학교에서 무상으로 나눠주는 급식이지만 식판에 담긴 다음부터는 재욱이 소유로 봐야 할 겁니다. 남의 닭갈비를 자기

대법원 전경

것인 양 옮겨 갔지요. 음식은 경제적인 가치를 가지고 있는 재물입니다. 도윤이는 "타인의 재물을 절취한 자"에 해당하는 만큼 절도죄를 저지른 겁니다. '법대로'라면 6년 이하의 징역이에요(형법 제329조).

이에 재욱이가 숟가락을 휘둘렀는데요. 도윤이 피하는 바람에 맞지는 않았습니다. 맞지만 않았다면 문제가 없는 걸까요? 형법에는 "사람의 신체에 대하여 폭행을 가한 자"라고 폭행죄를 정해 놓았습니다(제260조). 막연하게 "폭행"이라고만 써놓았는데요. 그럴 수밖에 없는 이유가 있습니다. 주먹을 휘두르고, 발로 차고, 머리카락을 잡고… 많은 행동이 가능하잖아요.

그걸 하나하나 풀어 쓰면 법전이 엄청 두꺼워질 겁니

다. 함축적이고 포괄적인 단어로 대표하도록 할 수밖에 없습니다. 법이 어렵게 느껴지는 이유 중 하나입니다. 그런 단어들로 가득 차 있거든요. 구체적으로 어떤 뜻인지 풀어서 개별적인 사건에 적용하는 것이 법원의 중요한 역할이자 권한입니다. 폭행에 대해서는 이렇게 설명하고 있습니다.

> "사람의 신체에 대하여 육체적, 정신적으로 고통을 주는 유형력을 행사하는 것으로서 반드시 피해자의 신체에 접촉함을 필요로 하는 것은 아니다." – 대법원 2016도9302판결 등

여전히 말이 어렵지요? 일단 맞지 않아도 폭행이 될 수 있다는 것까지만 압시다. 법원은 사람이 앉아 있는 책상을 내려치고 얼굴을 향해 담배 연기를 뿜는 행동도 폭행이라고 봤습니다.

재욱이의 행동에 대해서는 하나 더 따져볼 것이 있습니다. 맨손이 아니라 숟가락을 휘둘렀거든요. '위험한 물건'으로 폭행하면 특수폭행으로 죄가 더 무거워집니다. 숟가락이 위험할까요? 그렇다고 할 수 있습니다. 법원은 칼, 총처럼 원래 그런 물건뿐만 아니라 쓰기에 따라 사람을

대법원 대법정

해칠 수 있으면 위험하다는 입장입니다. 금속 수저로 얼굴을 공격하면 큰 상처를 입을 수도 있잖아요. 형법의 특수폭행죄는 5년 이하의 징역입니다(제261조).

　도윤이가 피하느라 예준이 노트를 망가뜨린 일은 어떻게 할까요? 다른 사람의 물건을 감추거나 못쓰게 만들면 재물손괴가 될 수 있는데요. 범죄가 되려면 나쁜 행동이라는 사실을 알면서 일부러 저질러야 합니다. 법률용어로는 **고의**라고 하는데요. 자동차 운전처럼 특별히 조심해야 할 일이 아닌 한 고의가 아니라 실수로 저지른 일에 형법을 적용하지는 않습니다. 일단 여기까지 도윤, 재욱의 행동에 대해 판단할 법 조항으로 삼아 봅시다. 앞서 밝혔듯이 맛만 느끼자는 겁니다.

까다로워 보이는 정당방위

닭갈비를 마음대로 먹은 일과 숟가락을 휘두른 일에 대해 '법대로' 하자고 하면 아마 도윤이나 재욱이가 할 말이 있을 겁니다. 둘 다 억울하다고 할 수 있는데요. 먼저 재욱이는 맛난 닭갈비를 빼앗겼는데 어떻게 가만히 있느냐는 항변을 할 수 있을 거에요. 도윤이가 먼저 잘못을 저질러서 그걸 막은 것뿐이라고 말입니다.

싸움이 났을 때 흔히 재욱이와 같은 주장을 합니다. 상대방이 먼저 시비를 걸었다고 하는 거예요. 저쪽이 먼저 때렸는데 맞고만 있으라는 거냐며 항의합니다. 어쩔 수 없이 맞서 싸웠을 뿐이라는 것이지요. 폭행에 해당하더라도 불가피한 상황이었으니 범죄로 볼 수 없다고 말입니다.

법률용어로는 **정당방위**, 정당행위와 같은 사정을 내세우는 것인데요. 법원은 아주 예외적으로만 인정해 줍니다. 이를테면 막다른 골목에서 여러 명에게 둘러싸였다거나 상대방의 흉기에 찔릴 뻔했다거나 해서 힘으로 맞서지 않을 수 없을 때만 불법이 아니라고 합니다. 경찰에 신고

할 여유가 있거나, 피할 길이 있거나, 다른 사람의 도움을 받을 수 있는데도 맞서 싸우면 똑같이 폭행죄로 처벌합니다.

게다가 폭행이 일단 끝났다면 더는 싸울 상황도 아니라고 봅니다. 재욱이의 닭갈비 역시 이미 도윤이의 뱃속에 들어가 버렸습니다. 아직 식판에 남아 있어 되찾아 올 수 있는 것도 아닙니다. 사실관계를 정확하게 파악한 다음 잘잘못을 따져야 한다고 했지요? 상황이 종료된 마당에 숟가락을 휘둘렀으니 고스란히 재욱이가 잘못한 겁니다.

도윤이도 할 말이 있을 겁니다. 두 사람이 친하다고 했잖아요. 평소에도 서로 반찬을 나눠 먹고는 했다고요. 이번에도 그럴 줄 알고 굳이 먼저 말을 안 꺼냈을 뿐이라고요. 달라고 했으면 닭갈비 정도는 줬을 거라고 주장할 수 있습니다. 가까운 사이에 종종 그러잖아요. 말하지 않더라도, 깜빡 잊고 가져오지 않은 수업 준비물을 나눠 쓸 수 있습니다. 법률용어로는 **추정적 승낙**이라고 합니다. 역시 일단은 범죄에 해당하는 행동이지만 불법은 아니라고 보는 상황인데요. 재욱이가 발끈했던 사실에 비추어 보면 도윤이 혼자만의 생각이었겠지요. 인정받기 어려울 것입니다.

어쩌면 봐줄 수도 있을 텐데 깐깐하게 거르는 이유가 있습니다. 여러 사람이 모여 살다 보면 크고 작은 충돌이 일어나기 마련입니다. 저마다 각자의 방식으로 해결하지 않기 위해 법을 만든 것입니다. 피해를 보았으면 공권력을 통해 해결해야 합니다. 누군가 잘못을 저질렀다고 개인적으로 응징하기 시작하면 사회의 틀이 무너집니다. 정의를 앞세우다 결국엔 약육강식으로 흐르겠지요. 배트맨은 영화 속에만 있어야 합니다.

어리다고 무책임해도 되는 걸까?

두 사람이 법적으로 가장 확실하게 방어할 수 있는 수단은 나이일 수 있습니다. 청소년 여러분도 **촉법소년**에 대해 많이들 알고 있을 겁니다. 10세 이상 14세 미만의 소년을 가리킵니다. 10세부터는 소년법을 적용해 보호처분을 할 수 있지만 형벌은 아닙니다. 강력 사건을 저질러도 그냥 풀려나는 바람에 종종 논란이 되고 있습니다. 요즘 청소년들, 어른 뺨치는데 무조건 용서해주는 것이 옳냐는 목소리들이 있습니다. 형법에는 "14세 되지 아니한 자의 행위는 벌하지 아니한다"라고 정해져 있습니다(제9

조). 왜 그랬을까요?

다섯 살짜리 동생 혹은 조카가 있습니다. 색깔 놀이에 푹 빠져 여기저기 크레파스를 휘두르고 다니는데요. 잠깐 한눈파는 사이 교과서를 알록달록하게 만들어 놨습니다. 교과서를 망가뜨리는 재물손괴죄를 저지른 것이겠지만 아이를 형법으로 다스릴 수는 없잖아요. 자신이 하는 일의 의미를 정확하게 안다고 볼 수 없기 때문입니다. 무슨 일을 하는지 모르니까 자유로운 의사로 결정하고 한 행동으로 보지 않습니다. 결과는 죄일지언정 책임을 지울 수 없습니다. **책임무능력자**라고 합니다.

그런 나이를 몇 살까지로 해야 할지를 두고 다툼이 일어나는 겁니다. 두 살, 세 살이면 당연히! 그러면 다섯 살, 여섯 살…. 열 살, 열한 살은요? 법은 어디서부터 어디까지인지 **선을 긋는 일**이기도 한데요. 책임무능력자를 13세까지로 한 겁니다. 다만 성장기를 '질풍노도의 시기'라고 하잖아요? 감정적 기복이 크고 충동을 다스리기 어렵습니다. 처벌로 기를 꺾기보다 바른길로 갈 수 있게 돕도록 한 것입니다. 그런 취지를 일부 청소년들이 악용하는 바람에 나이를 낮춰야 한다는 의견이 나오는 것입니다.

책임무능력의 또 다른 경우가 있습니다. 심각한 정신질

환이 있거나 약물 같은 것 때문에 주변 사물을 분별하지 못할 수 있습니다. 공포 영화의 한 장면을 떠올려 보세요. 환각에 사로잡혀 사람들이 모두 악마로 보였다면? 그런 상태에서 저지른 일에 대해 책임을 묻기 곤란합니다. **심신상실**이라고 합니다. 물론 정말 그랬는지는 법정에서 아주 엄격하게 증거에 따라 판단합니다.

참고로 책임능력까지 있어 범죄가 분명하더라도 형사처벌을 피하는 경우들이 있습니다. 부모 자녀처럼 가까운 가족, 친지 사이에서 벌어진 가벼운 범죄들이 그렇습니다. **친족상도례**라고 합니다. 피해를 본 사람이 처벌해 달라고 고소해야만 하는 범죄도 있고요(**친고죄**). 고소가 없더라도 수사·재판은 가능하지만, 피해자가 용서해주면 처벌하지 않는 범죄도 있습니다(**반의사불벌죄**).

여기까지가 형사재판을 하는 판사라면 따지는 순서입니다. '폭행'이라는 식으로 법전에 추상적으로 쓰인 요건에 들어맞는 행위를 했는지, 설령 그렇더라도 정당하다고 봐줘야 할 특별한 사정은 없는지, 마지막으로 책임을 물을 수 있는지, 그 밖에 처벌을 면해 줄 다른 사정은 없는지 검토하는 겁니다. 그걸 다 통과해야 유죄입니다.

최후에 등장해야 하는 법

그런데요. 이렇게 도윤이, 재욱이에 대해 형법으로 따지는 일이 옳은 걸까요? 여태껏 이러쿵저러쿵하다가 무슨 소리냐고요? 두 친구의 다툼에 정말로 형법을 적용하는 것이 상식에 비추어 고개를 끄덕일 만하냐는 겁니다. 각자의 판단에 따라 다를 수 있을 겁니다.

자칫 심각한 피해를 볼 수도 있었던 만큼 엄격하게 대처해야 한다고 할 수 있습니다. 14세 이상이라면 철이 들 걸로 기대해야 한다고 보는 겁니다. 충분히 혼이 나야 다시는 함부로 행동하지 않을 것이라고요. 형법까지는 과하더라도 적어도 학교폭력위원회에서 응분의 대가를 치르도록 해야 한다고 생각할 수 있습니다.

반대로 친구들끼리 화해하도록 하면 그걸로 족하다고 여길 수 있습니다. 법에 쓰인 문구들에 해당하는지 글자 그대로 판단하기 시작하면 숨 막히는 세상이 될 수 있으니까요. 생활 속에서 일어나는 모든 일에 법의 잣대부터 들이대서, 정말 장난으로 툭 건드리기만 해도 어쨌든 폭행이니까 경찰이 출동한다면 어떨까요? 가능하면 공권력이 개인들 사이의 일에 끼어드는 일은 자제하도록 해야 하지 않을까요?

이를 형법의 **최후수단성**이라고 합니다. 반찬 때문에 친구랑 다툰 일로 감옥에 가야 한다고 생각해보세요. 황당하겠지요? 헌법재판소에서 이를 기본권과 관련해 설명하기도 했습니다. 국가가 내리는 형벌은 가장 강력한 제재 수단이라, 무분별하게 확대하면 국민의 기본권을 침해할 수 있다고요. 설령 법을 동원하더라도 민사재판처럼 당사자들끼리 문제를 해결할 수 있는 절차를 먼저 시도해 보라고 했습니다. 민사재판은 법원이 심판 역할을 맡는 데 그치니까요.

수사와 재판은 꼭 형법으로 보호해야 할 중대한 이익에 대한 위험이 명백한 경우에 한해서 최후수단으로, 필요한 최소한의 범위에 그치라고 했습니다. 같은 취지에서 **보충성의 원칙**이라고도 하는데요. 다른 방법을 모두 써본 다음 마지막으로 형법을 찾으라는 겁니다. 심지어 형법을 적용할 때조차 이 원칙이 우선입니다. 벌을 주더라도 벌금을 우선 고려해 보고, 징역형까지 가는 건 정말 마지막으로 하라는 것입니다(헌법재판소 2008헌바59 결정).

혹시 '정치의 사법화'라는 표현을 들어봤을까요? 정치인들끼리 서로 상대방을 고소했다는 뉴스가 나오고는 합니다. 국회의원끼리, 국회의원과 고위직 공무원이 서로 입장을 달리해 싸우다 못해 아예 상대방을 처벌해 달라면서 경찰, 검찰로 쫓아가는 겁니다. 일반인들끼리도 거래하다 약속을 지키지 않았다고 경찰서부터 찾기도 합니다. 혹시라도 형사처벌을 받을까 봐 상대방이 겁을 먹기를 바라는 겁니다.

그런 일들이 잦아질수록 사회는 삭막해지겠지요. 대화와 타협은 실종되고, 자발적인 문제 해결 능력은 사라질 겁니다. 이미 그런 조짐이 보이기도 합니다. 어른들끼리 서로의 흠을 찾겠다며 대화를 녹음한다는 얘기 들어봤을 겁니다. 그러다 보면 의심하는 눈길들만 가득해지겠지요. 문제는 거기서 그치지 않습니다. 의존하는 사람들이 많아질수록 공권력은 막강해질 겁니다. 사회의 갈등과 제도를 해결하는 다른 수단들 위에 수사와 재판이 자리 잡는 거지요. 그건 어떤 세상일까요? 그다지 상상하고 싶지 않습니다.

죄가 밉나, 사람이 밉나

닭갈비 때문에 시작된 도윤이와 재욱이의 갈등이 끝나지 않았습니다. 재욱이가 여전히 앙심을 품고 복수(?)할 기회를 노렸거든요. 마침 오후 체육 시간에 농구를 하게 됐는데요. 평소와 다를 바 없어 보이던 재욱이가 갑자기 도윤이의 얼굴을 겨냥해 힘껏 농구공을 던졌습니다. 패스라도 하는 양 입으로는 "도윤아, 받아!"라고 외쳤지요.

아뿔싸! 이번에도 예준이가 희생자였습니다. 도윤이를 부르는 소리를 듣고 공을 가로채려 했던 겁니다. 가슴팍 높이로 적당히 날아오는 줄 알고 둘 사이로 뛰어들었는데요. 뜻밖에 강하게 던져진 공에 볼때기를 맞고 바닥으로 쓰러졌습니다. 체육 선생님이 급하게 상태를 살펴봤는데요. 다행히 눈, 코, 입을 피한 덕분에 다친 곳은 없었습니다.

범죄란 무엇일까?

재욱이가 또 사고를 치고 말았습니다. 그러니까 앞의 사건에서 형법으로 혼을 냈어야 한다고는 말아주세요. 어디까지나 이해를 돕기 위한 설정이잖아요. 아무튼 재욱이는 다시 특수폭행죄를 저지른 것처럼 보입니다. 농구공역시 쓰기에 따라 사람을 다치게 할 수 있는 위험한 물건이니까요.

일단 그렇게 보인다고만 하는 이유가 있어요. 원래 재욱이의 목표는 도윤이였습니다. 엉뚱하게 예준이에게 맞은 겁니다. 그럼 예준이는 특수폭행의 피해자일까요? 범죄가 되려면 원칙적으로 실수가 아니라 고의로 저지르는 일이어야 한다고 했습니다. 그런데 예준이가 갑자기 뛰어드는 바람에 맞은 겁니다. 재욱이가 예준이에게 일부러 그랬을 수 없습니다. 그럼 예준이에 대한 범죄라고 볼 수 없을까요?

애초에 범죄란 무엇인지부터 생각해봅시다. 가장 쉽게

말하자면 형법에 범죄로 정해 놓은 것들이겠지요. 폭행, 절도, 명예훼손… 이런 식으로요. 다른 사람이나 사회, 국가에 해를 끼치는 일들입니다. 나쁜 짓이라고 할 텐데요. 뭐가 나쁘다는 것일까요? 우선 결과 혹은 겉으로 드러난 객관적인 상황이 나쁜 것이어야 합니다.

이에 더해 주관적으로는 고의가 있었는지 검토합니다. 일어난 일에 대해 누가, 어떤 책임을 져야 하는지 묻기 위해서라도 필요합니다. 실제로 농구를 하다 공을 잘못 던지거나 받는 바람에 다치는 일도 있습니다. 치료비를 물어줘야 할 수는 있지만 범죄로까지 처벌할 수는 없겠지요. 살다 보면 뜻밖의 일들이 벌어질 수 있습니다.

이번 사건은 어떻게 봐야 할까요? 도윤이를 겨냥한 공이 도윤이에게 맞았으면 간단했을 겁니다. 재욱이는 보지도 못했던 예준이에게 공이 맞아 탈입니다. 우선 범죄라고 하려면 주관적인 의사와 객관적인 결과가 일치해야 한다는 입장이 있습니다. 예준이에 대한 범죄가 아니라고 봅니다. 도윤이는 맞지도 않았으니 당연히 그렇고요.

반면 재욱이의 주관인 '나쁜 생각'에 보다 무게를 두는 입장이 있습니다. 공으로 때리려는 고의를 행동으로 옮긴 이상 맞은 사람이 누구인지 중요하지 않다고 합니다. 던진 순간 이미 범죄라는 것이지요. "죄가 밉지, 사람이 밉냐"라는 말이 있는데요. 거꾸로 사람이 더 밉다는 쪽이겠습니다.

우리 법원은 중간 정도에 판단 기준을 세우고 있습니다. 일어난 일이 동일한 종류라면 범죄라고 합니다. 이런 식입니다. 도윤이도 사람이고, 예준이도 사람이잖아요. 사람을 때리려고 던진 공에 사람이 맞은 이상 범죄가 성립하고, 그 사람이 피해자라는 것입니다. 만약 유리에 맞아 깨졌다면 그때는 범죄가 아니라 실수로 보지요.

대한민국의 형법에 따르면 재욱이는 특수폭행죄, 피해자는 예준이입니다. 애초의 대상이었던 도윤이는 어떡하냐고요? 한 개의 범죄를 저질렀는데 피해자가 둘일 수는 없습니다. 맞지 않았으니 다행인 셈이기도 하고요.

다행이지만 용서할 수 없어

조금 어지러울까요? 이런 걸 왜 따지나 싶을 수 있습니다. 법은 선을 명확하게 긋는 일이라고 얘기했지요? 헷갈리는 상황에 대비해 미리 **기준**을 정해 놓는 겁니다. 판사기분 따라 재판할 수는 없잖아요. 대한민국 형법을 어떻게 정하고 있는지 짚어 봅니다.

비슷하면서 다른 사건을 보겠습니다. 액션 영화에서 이런 장면이 종종 등장합니다. 저격수가 조준경으로 누군가를 겨냥하지요. 숨죽여 방아쇠를 당겼는데 빗나갑니다. 재욱이 사건과 달리 다른 사람이 맞지도 않습니다. 킬러의 고의는 있었는데, 결과는 없습니다. 범죄가 완성됐으면 '기수旣遂' 그렇지 않으면 '미수未遂'라고 부릅니다. 미수를 어떻게 처벌해야 할까요?

죄가 밉다고 보면 사람이 총에 맞았을 때와 그렇지 않을 때는 확실히 다르겠지요. 처벌하더라도 가볍게 하거나 책임을 묻지 않을 수 있다고 합니다. 사람이 밉다고 보는 입장에서는 다릅니다. 똑같이 누군가의 목숨을 해치려고 했는데, 다르게 처벌할 이유가 없다고 하지요. 방아쇠를 당기는 순간 살인 기수, 살인 미수를 가리지 않아야 한다고 주장합니다.

여기에 대해서는 형법으로 중간 정도에 기준이 세워져 있습니다. 미수에 그친 이유에 따라 다르게 보자는 겁니다. 한 발을 쏜 이후에도 킬러는 계속 살인을 시도했는데 뜻밖의 장애 때문에 실패했을 수 있습니다. 피해자가 총소리에 놀라 몸을 감췄을 수 있습니다. 마침 주변에 있던 경찰이 킬러를 붙잡았을 수 있습니다. 구체적인 상황에 따라 판사가 형벌을 낮출 수도 있고, 기수와 똑같이 처벌할 수도 있습니다.

반면 킬러가 마음을 고쳐먹을 수 있습니다. 신의 뜻으로 총알이 빗나갔다며 스스로 총을 거둘 수 있습니다. 혹은 총에 맞고 쓰러진 피해자를 보자 갑자기 불쌍한 마음이 드는 거지요. 반성하며 병원에 데리고 간 덕분에 피해자가 생명을 구할 수 있습니다. 이렇게 자발적으로 범행을 멈추거나 결과를 막으면 반드시 처벌을 가볍게 하거나 혹은 면제하도록 했습니다.

참고로 다른 종류의 미수가 있습니다. 누군가를 해치려고 음료수에 독극물을 탔는데 치사량에 한참 못 미치는 양이었습니다. 또는 소매치기가 슬쩍 남의 주머니에 손을 집어넣었는데 아무것도 없었어요. 모두 결과가 발생하지는 않겠지만 위험했습니다. 역시 판사가 재량껏 판단하도록 하고 있습니다. 또 다른 사례를 보겠습니다. 저주로 사람을 죽이겠다며 주문을 외우는 사람은 어떡할까요? 설령 진심이더라도 애초에 위험할 리 없습니다. 처벌하지 않습니다.

미수를 따지려면 먼저 선을 하나 그어야 합니다. 일단

범죄를 시작해야 중단할 수 있잖아요? 범죄의 시작을 언제부터라고 할까요? 킬러가 총을 들고 나섰을 때부터? 아니면 방아쇠를 당겼을 때? 그건 범죄의 종류에 따라 다릅니다. 도둑이라면 남의 집 주변을 기웃거리는 것만으로는 부족하고요. 적어도 손잡이를 잡아당겨 보거나 자물쇠를 부수는 구체적인 행위를 해야 합니다.

그때 비로소 범죄에 이르고, 경찰이 수갑을 채울 수 있다는 뜻입니다. 제한하지 않으면 공권력을 남용할 수 있거든요. 움직임만 수상해도 나쁜 짓을 저지르려 했다며 괴롭힐 수 있습니다. 예전 TV 사극에서 "딱 보면 안다"라면서 맘에 안 드는 사람들을 해치는 인물이 주인공으로 나오기도 했는데요. 그럴 수도 있다는 겁니다.

다만 예외는 있습니다. 살인, 강도 같은 범죄는 가능한 한 빨리 막아야 합니다. 방아쇠를 당길 때까지 기다렸다가는 심각한 피해가 발생할 수 있습니다. 예비, 음모를 별도의 범죄로 정하고 있습니다. 물론 나쁜 마음을 먹은 것만으로는 부족하고요. 살인, 강도를 준비하는 별도의 행위가 있어야 합니다.

따로 또 같이

재욱이만 너무 나쁜 친구를 만드는 것 같아서 다른 설정을 해봅니다. 도윤이, 예준이는 닭갈비 때문에 발끈하는 재욱이가 얄미워 장난을 치기로 합니다. 오후 수업 준비물을 감추는 거예요. 도윤이가 가방을 뒤지는 사이 예준이는 교실 문밖에서 망을 봅니다. 다른 사람의 물건을 숨겨서 쓸 수 없도록 하면 재물손괴죄에 해당할 수 있습니다. 장난으로 그치려면 수업 전에 돌려줘야겠지요.

끝까지 감춘다면 도윤이, 예준이가 역할을 나눠 함께 범죄를 저지른다고 할 수 있습니다. '공범'이라는 단어를 떠올릴 텐데요. 뭉뚱그려 공범이라고 부르기는 하지만 사실 여러 가지 유형이 있습니다. 아무래도 사람이 여럿이면 이런저런 상황이 생기기 마련이니까요.

형법에서는 대표적인 공범으로 공동정범, 교사범, 방조범을 나눠 놓고 있습니다. 공동정범은 두 사람 이상이 함께 같은 범죄를 저지르는 일인데요. 여럿이지만 한 몸의 손발처럼 역할을 나눠 움직입니다. 범죄 영화에 자주 등장합니다. 도둑들이 감시카메라를 해킹하고, 경비원을 제압하고, 금고 문을 여는 일을 각자 맡는 장면이요.

이와 달리 교사범, 방조범의 경우는 범죄를 저지르는 사람이 따로 있습니다. 누군가를 부추겨 범죄로 나서도록 하는 일이 교사입니다. 재욱이 가방에 용돈이 두둑이 있다면서 도윤이가 예준이를 부추기는 식이지요. 이에 비해 다른 사람의 범죄에 도움을 주면 방조입니다. 도둑을 쫓는 경찰을 엉뚱한 방향으로 유도하는 예를 들 수 있습니다.

공범과 관련해서도 앞서 살펴본 것처럼 객관적인 면과 주관적인 면을 강조하는 입장들이 따로 있습니다. 객관적으로 범죄를 보면 설령 도윤이가 부추겼더라도 예준이가 용돈을 훔치기 전까지는 아무 일도 일어나지 않은 것입니다. 반면에 주관을 강조하면 부추기는 것 자체로 도윤이는 절도의 교사범이 될 수 있습니다.

객관적으로 절도가 이뤄진 다음에야 공범을 따질 수 있다는 입장도 다시 나눠질 수 있는데요. 설령 예준이가 용돈을 훔쳤더라도 12세라면 책임능력이 없어 처벌받지 않을 겁니다. 그럼 예준이를 부추긴 도윤이 역시 그럴까요? 우리 법원은 객관적으로 범죄가 발생해야 하지만 형사 책임을 져야 하는지 아닌지는 개별적으로 판단하고 있습니다. 예준이가 12세더라도 도윤이가 14세 이상이면 처벌합니다. 그러니까 어린 친구를 촉법소년이랍시고 앞세워 나쁜 일을 꾸미면 안 되겠지요.

일종의 공범인데 별도의 법 조항을 만들어놓기도 합니다. 대표적으로 여럿이 한 사람을 괴롭히는 폭행을 저질러도 특수폭행죄인데요. 형법에는 "단체 또는 다중의 위력을 보이거나"라고 돼 있습니다(제261조). 설령 함께 때리지 않고 지켜보기만 해도 특수폭행이라는 것입니다. 피해자로서는 훨씬 공포스러울 테니까요. 일반 폭행보다 무겁게 처벌합니다.

범죄도 처벌도 정해 놓은 대로만

이러한 이야기들이 알듯 말듯 알쏭달쏭할 수도 있습니다. 이런 내용들을 왜 알아야 할까요? 어떤 행위를 범죄로 볼 것인지를요. 국민들이 법에 대해 잘 알면 그만큼 범죄를 저지를 가능성이 작아지는 겁니다. 더 중요한 이유는 국가가 권력을 함부로 휘두르지 못하도록 하기 위해서고요. 이를 위해 설령 나쁜 짓처럼 보이더라도 법전에 범죄라고 적혀 있지 않은 한 처벌할 수 없도록 하고 있는데요. **죄형법정주의**라고 하는 중요한 원칙입니다.

중요한 만큼 죄형법정주의에서 파생한 구체적인 원칙들 몇 가지를 짚어보겠습니다. 우선 범죄와 형벌은 국회에 의해 만들고 공포된 법률로 정해져 있어야 합니다. **관습형법 금지의 원칙**(성문법주의)이라고 합니다. 일상생활에서 반복적으로 행해지다 법적인 효력을 인정받는 관습법이 있는데요. 형법은 절대 관습법으로 정할 수 없습니다. 형식뿐만 아니라 내용 역시 적절한 법률이어야 하는 것은 물론입니다.

형벌에 관한 법률은 반드시 행위를 할 때 이미 시행하고 있어야 합니다. 없던 법을 뒤늦게 만들어 적용하지 못한다는 **소급효 금지의 원칙**입니다. 몸에 해로운 게 담배이기에 아예 흡연을 형벌로 다스리는 법을 만들었다고 가정해보세요. 그런 법이 올해 1월에 만들어졌는데 지난 연말에 담배를 피웠던 사람들에게까지 몽땅 벌금을 매긴다면 국민이 불안해서 살 수가 없을 겁니다.

무슨 행위가 범죄이고, 그에 대한 형벌은 어느 정도인지 분명하게 알 수 있어야 한다는 **명확성의 원칙**이 있습니다. 물론 '폭행'처럼 함축적인 단어를 쓰는 것을 피할 수는 없습니다. 하지만 누가 봐도 어느 정도 짐작은 할 수 있어야 합니다. '사회에 해로운 행동'을 하면 '경찰이 필요하다고 판단하는 만큼' 유치장에 구금할 수 있다는 식은 곤란하다는 거예요. 무슨 행동을 했을 때, 얼마만큼 가둘 수 있다는 것인지 도무지 알 수가 없습니다.

세상이 정말 빠르게 변하다 보니 전에는 없던 일들이 벌어지곤 하지요. 가상화폐가 그렇습니다. 화폐나 수표, 신용카드와 비슷하지만, 그 어떤 것과도 다릅니다. 관련 법률이 생기기까지 몇 년이 걸렸습니다. 가상화폐와 관련한 사건이 벌어져도 적절히 대응하기 어려웠지요. 그렇다고 대충 비슷한 법 조항을 끌어다 형벌을 내리면 안 된다는 것이 **유추해석 금지의 원칙**입니다.

죄형법정주의에 따른 여러 원칙은 모두 국민의 권리를 보호하기 위해서입니다. 다만 이런 안전장치도 국민 스스로 알아야 제대로 작동하겠지요. 막연하게 국가가 알아서 잘해주리라 믿었다 억울한 일을 겪을 수 있습니다. 알쏭달쏭하다고 모르는 채 있다 보면 억울하다는 사실도 모른 채 불이익을 받을 수 있지요. "아는 것이 힘"이라는 옛말은 법에 관한 한 틀림없는 진리입니다.

그놈 얼굴을 보고 싶다

TV 뉴스에서 범죄자의 모습을 본 적 있을 거예요. 끔찍한 짓을 저지르고 도망 다니다 경찰서로 붙잡혀 가거나, 수사를 마치고 구치소로 옮겨지는데요. 기다리던 기자들이 마이크를 들이대며 이런저런 질문을 던집니다. '왜 그랬나?' '피해자에게 미안하지 않나?' 그럼 기어 들어가는 목소리로 '죄송합니다'라는 식으로 대답합니다.

그럴 때 보면 범인은 대부분 얼굴을 가리고 있습니다. 마스크를 쓰고, 모자나 긴 머리로 덮기까지 합니다. 팔목에 채워진 수갑 역시 보이지 않도록 수건으로 가려줍니다. 정작 곁에 있는 경찰들 얼굴은 고스란히 볼 수 있어 아이러니하기도 하고요. 비단 얼굴만이 아닙니다. 어디

사는 누구인지, 이름도, 나이도 알 수 없습니다. 연예인처럼 널리 알려진 인물이 잘못을 저질러도 뉴스에는 A씨, B양 하는 식으로만 나옵니다. 사건이 일어나고 한참 지나서야 비로소 실제 이름을 알 수 있는 경우가 많습니다. 왜 그래야 하는 걸까요?

그러는 사이 온라인에서는 온갖 추측이 떠돌기 시작합니다. '네티즌 수사대'가 나서서 누군가를 범인으로 지목하기도 합니다. 이어 엉뚱하게 누명을 썼다며 해명에 나서는 일이 이어집니다. 차라리 속 시원하게 알려주는 편이 낫다는 목소리가 나오지요. 특히 중대범죄에 대해서는 범죄자의 인권까지 보호해줄 필요가 있냐는 지적이 끊이지 않습니다.

까마귀 날자 배 떨어진다

범죄란 어떤 것이고 그에 맞는 형벌은 무엇인지 정해놓은 것이 형법이라고 했습니다. 형법을 적용하기 위해 먼저 수사가 필요합니다. 의심 가는 사람인 용의자를 찾아내고, 증거를 모읍니다. 진짜 죄를 지었는지는 재판을 통해 가립니다. 유죄라고 판단하면 그에 맞는 형벌을 내립니다. 이런 절차의 시작과 끝을 정해 놓은 법이 형사소송법입니다.

형사소송법과 관련한 법률들은 어찌 보면 형법보다 훨씬 까다롭습니다. 풀이 과정까지 전부 맞아야 정답인 수학 문제와 비슷합니다. 어떤 결론도 절차를 지키지 않으면 점수를 받을 수 없습니다. 수학보다 더 까다롭다고 볼 수 있는 게, 과정에 오류가 있으면 '빵점'이 될 수 있습니다. 중간 점수가 없습니다. 심지어 범인이 맞아도 '무죄'로 풀어줍니다.

진실이 무엇인가 못지않게 밝히는 과정 또한 적법해야 하기 때문인데요. 이유가 뭘까요? 여러 가지를 생각할 수 있지만 무엇보다 '사람'을 믿지 못하기 때문이라고 할 수 있습니다. 신이 아닌 한 누구도 과거에 벌어진 일을 완벽하게 알 수 없습니다. 실수를 저지르기 마련입니다. 자칫 억울한 사람을 만들 수 있습니다. 그래서 차선책으로 선택한 방법이 진실을 밝히기 위한 절차를 최대한 엄격하게 만들자는 것입니다.

그런 취지를 지키기 위해 형사소송법은 **무죄추정**의 대원칙을 세웠습니다. 수사와 재판을 완전히 거치기 전까지는 유죄로 단정해서는 안 된다는 것입니다. 헌법은 "형사 피고인은 유죄의 판결이 확정될 때까지는 무죄로 추정된다"라고 못 박고 있습니다(제27조 제4항). 형사소송법에도 마찬가지 규정이 있습니다(제275조의2).

무죄추정의 원칙이 곳곳에서 어떻게 작용하는지 앞으로 살펴볼 텐데요. 용의자를 붙잡을 무렵은 형사 절차의 시작이라고 할 것입니다. 시작부터 신상을 공개하면 유죄추정이 될 수 있습니다. '까마귀 날자 배 떨어진다'라는 옛말이 있습니다. 아무런 짓도 안 했는데, 우연히 범죄 현장 근처에 있다 붙잡혔다고 생각해보세요. 억울함을 풀 기회를 얻기도 전에 범인으로 세상에 알려지는 겁니다. 도둑으로, 사기꾼으로, 그보다 더한 흉악범으로 얼굴과 이름이 퍼지는 겁니다.

재판 끝에 결백이 밝혀질 수는 있습니다. 하지만 그게 얼마나 걸릴지 모릅니다. 짧게는 몇 달, 길게는 몇 년이 걸리기도 합니다. 사람은 사회적 동물이지요. 다른 사람과 관계를 맺으며 살아갑니다. 주변 사람들이 색안경을 끼고 바라보기 시작하면 일상생활이 불가능합니다. 직장을 잃고, 가족이 멀어지겠지요. 무죄로 밝혀지더라도 이전으로 회복하는 일은 너무나 어렵습니다. 그런 위험을 줄이기 위해 무죄추정의 원칙을 적용해 극히 예외적으로

만 신상 공개를 하는 겁니다.

인권을 보호하는 검사

범죄 영화·드라마에서 범인과 싸우는 역할로 주로 등장하는 인물들이 있습니다. 경찰인 형사 그리고 검사입니다. 둘은 어떤 차이가 있을까요? 대개는 옷차림부터 다르게 그려집니다. 형사는 탐문 수사를 하면서 때로 액션 장면도 보여주는 만큼 아무래도 활동하기 편한 캐주얼 차림입니다. 이에 비해 검사는 넥타이를 맨 말쑥한 정장 차림으로 나오지요. 현실을 어느 정도 반영한 모습들입니다.

경찰과 검사의 가장 큰 차이는 **공소권**에 있습니다. 범인이 맞다고 판단하면, 그가 범죄를 저질렀다고 의심하기에 충분한 증거가 모이면 재판에 넘기는데요. 그런 권한이 공소권입니다. 법률 전문가인 검사가 가지고 있습니다. 사무실에서 증거들을 검토하고 정리하는 일을 하니까 정장을 입습니다.

일부 영화·드라마와 달리 검사가 범죄 현장에 나가는 일은 거의 없습니다. 법정에서 소송을 하는 것이 법률 전문가인 검사의 역할이지요. 그럼 왜 수사물에도 등장하는 걸까요? 검사가 재판뿐만 아니라 수사도 할 수 있다고 봐야 하느냐의 문제가 달려 있습니다.

과거에는 '할 수 있느냐'의 정도가 아니었습니다. 오히려 검사만이 수사권을 가졌습니다. 범죄 현장에 있는 경찰은 검사의 지휘에 따른 것이었습니다. 범인을 찾고 증거를 모으는 과정에서 검사에게 보고해야 했습니다. 재판에 넘기는 것도, 범인이 아니라고 판단해 풀어주는 것도 검사의 권한이었습니다. 검사는 경찰을 통하지 않고 단독으로 사건을 수사할 수도 있었습니다. 정리하자면, 경찰이 하는 수사는 반드시 검사를 거쳐야 했고요. 반대로 검사가 직접 하면 검사가 단독으로 판단했습니다.

그런 절차가 정당하냐를 두고 오랜 논쟁이 이어지고 있습니다. 검사윤리강령 제1조는 "검사는 공익의 대표자로서 국법 질서를 확립하고 국민의 인권을 보호하며 정의를 실현함을 그 사명으로 한다"라고 밝히고 있습니다. 범죄 수사와 인권 보호는 어떤 관련이 있는 걸까요? 범죄로부터 국민을 지키는 일일까요? 그런 면도 있지만 법률 전문가라는 측면에서 보면 아무래도 어색합니다.

수사와 재판은 진실을 밝히는 일인 만큼 **적법한 절차**를 지키는 일이 중요하다고 했습니다. 공권력은 아주 강력합니다. 나쁜 마음을 품거나 의욕이 넘친 나머지 잘못 휘두르면 국민에게 심각한 피해를 줄 수 있습니다. 범인이 틀림없다면서 엉뚱한 사람을 가뒀다고 생각해보세요. 그런 일이 벌어지지 않도록 검사가 엄격하게 법에 따른 절차를 지키도록 하는 겁니다. 그걸 통해 **인권**을 보호합니다. 형법에서는 죄형법정주의에 따라 법이 없으면 처벌하지 않는다고 했지요? 형사소송법은 절차 역시 정당하지 않으면 처벌할 수 없다는 것입니다. 처벌을 강조하는 법들이 아니라 공권력을 견제하는 장치들입니다.

그럼 수사권과 공소권을 나누는 게 합리적일 수 있습니다. 경찰은 수사를 맡고, 검사는 수사 과정에서 법을 잘 지켰는지 검토해 재판에 넘기는 것이지요. 검사가 직접 수사하면 인권 보호를 위한 장치 하나가 사라지는 셈입니다. 검사가 나쁜 마음을 먹으면 딱히 막을 방법이 없으니까요. 대한민국이 출발했을 무렵부터 논쟁이 있었는데요. 아직 완전히 해결되지 않았습니다.

필요할 때만 정당한 방법으로

영화 · 드라마는 범죄 현장에 경찰이 출동하는 장면으

로 시작하는 경우가 많습니다. 도둑이 들어 난장판이 된 집안이나 사람이 쓰러져 있는 골목을 보여줍니다. 일단 범죄로 인한 것인지를 판단하는데요. 물건을 잃어버린 것과 도둑맞은 것은 다르니까요. 이 밖에도 범죄 피해를 보았다며 고소하거나, 언론에서 비리를 폭로하거나 하는 등의 여러 가지 단서를 계기로 수사기관이 나섭니다.

범죄가 명백하면 본격적으로 수사를 시작합니다. 수사물에서는 범인의 흔적이나 범죄의 증거를 발견하기 위해 현장을 샅샅이 뒤지는 모습이 나옵니다. 이웃을 돌며 목격자를 찾고요. 혹시 CCTV가 설치된 곳은 없는지 둘러보기도 합니다. 딱히 경찰이 힘을 쓰는 장면이 나오지 않지요. 누군가와 얘기를 나눠도 정중하게 존댓말을 씁니다. 그게 수사의 원칙이고, 임의수사라고 합니다. 의심스러운 사람이 있더라도 자발적인 협조를 얻어 대화부터 하는 거예요.

그런 장면들만 이어지면 영화·드라마는 재미가 없겠지요. 문을 박차고 들어가 범죄자를 찾고, 격투를 벌인 끝에 수갑을 채워야 흥미진진합니다. 압수수색과 체포, 구속이라는 강제수사를 벌이는 건데요. 현실에서는 오히려 예외에 해당합니다. 수상한 사람을 찾는다는 식의 막연한 이유를 들어가며 경찰이 집집마다 문을 열고 다닌다고 생각해보세요. 범죄 현장 근처에 있었다고 일단 가둬놓기부터 하면 어떨까요? 유죄가 맞더라도 소액의 벌금형에 그칠 정도라면요? 심각한 인권침해가 벌어질 수밖에 없습니다.

일정 기간 자유를 제한하는 체포와 구속, 증거물 따위를 찾기 위한 수색과 그에 따른 압수는 그래서 수사기관이 마음대로 할 수 없습니다. 법률에 근거를 두고 있어야 합니다. 원칙적으로 법원에서 영장을 받아야 합니다. 경찰, 검찰은 강력한 힘을 쓰면 편하겠지요. 하지만 강제수사가 필요한 이유와 그걸 뒷받침하는 자료를 판사가 제삼자의 눈으로 검토한 다음 허락해야 가능합니다. 인권을 보호하기 위한 장치예요.

'수사'라는 한 단어로 뭉뚱그리지만, 실제 수사기관은 여러 가지 일을 합니다. 범인이 누구인지 알아내기 위한 수사, 범인을 붙잡기 위한 수사, 범죄를 입증하는 증거물을 찾기 위한 수사, 증거물이 정말 맞는지 확인하기 위한 수사…. 그럴 때마다, 필요한 일인지, 방법은 정당한지를 따지는 겁니다.

이런 조건을 어긴 수사는 위법합니다. 뒤에서 자세하게

살펴보겠지만 위법하게 수집한 증거는 법정에서 쓸 수 없습니다. 있어도 법적으로는 없는 물건이 됩니다. 위법한 수사로 체포·구속을 당했으면 법원을 통해 풀어 달라고 요구할 수 있습니다. 나아가 그런 일을 저지른 수사기관이 직권남용 같은 범죄로 처벌받을 수 있고요. 국가가 손해배상을 해야 할 수도 있습니다. 남의 눈의 티끌을 꺼내려면 내 눈의 들보부터 빼야 한다고 하지요. 국가의 공권력은 그렇게 행사해야 합니다.

입 꾹 다물 수 있는 권리

뭔가 잘못해서 '엄빠'에게 혼날 때 입을 꾹 다물고 있으면 어떤가요? 더 크게 혼나기 마련입니다. 빨리 털어놓고 용서를 비는 편이 낫지요. 그럼 수사기관으로부터 조사받을 때도 그렇게 해야 할까요? 경찰, 검사는 '엄빠'가 아니지요. 수사와 재판을 '받는다'라는 표현 때문에 착각하기 쉬운데요. 어른과 아이처럼 위아래에 놓인 관계가 아닙니다. 형사 법정에서 피고인은 검사와 일대일로 대등한 위치에 마주 보고 앉습니다.

조금만 관심을 가지면 누구나 법에 관해 어느 정도 이

해할 수 있습니다. 다만 구체적인 사건에 적용하는 법률을 시시콜콜 알고 있는 것과는 다릅니다. 경찰이나 검찰의 조사를 받는 일이 흔한 것도 아니지요. 자신이 하는 답변이 법적으로 어떤 의미를 가지는지 알기 어렵습니다. 매일같이 수사와 재판을 하는 전문가를 당해낼 가능성은 거의 없습니다.

있는 그대로의 사실을 얘기하면 될 것 아니냐고 생각할 수도 있습니다. 그럴 수도 있습니다. 하지만 까마귀 날자 배 떨어지는 일이 벌어졌다면 경찰이나 검사가 그 말을 쉽게 믿지 않겠지요. 그들도 사람입니다. 틀림없이 범인이 맞다는 선입견을 가지기 시작하면 아무리 사실을 말해도 소용이 없을 수 있습니다. 드물지만 정말로 나쁜 의도를 가지고 누명을 씌우는 경우도 있습니다. 이처럼 '사람'을 믿을 수 없기 때문에 절차를 엄격하게 만들어놓은 것이라고 했습니다.

게다가 수사기관에 가면 보통 사람 입장에서는 아무래도 무섭기 마련입니다. 머릿속에 이런저런 장면들이 떠오를 겁니다. "똑바로 말해!"라면서 무섭게 겁을 주던 영화 속 형사, 혹은 사극에서 "바른말을 할 때까지 매우 쳐라!"라던 관리가 생각날 수도 있습니다. 뭔가 잘못 얘기했다

억울한 누명이라도 쓸까 봐 잔뜩 위축될 수 있지요. 긴장하면 말실수할 가능성이 커지잖아요. 그럼 진짜 억울한 상황에 놓이는 겁니다.

그럴 때 억지로 입을 열지 않아도 되도록 **진술거부권**을 보장하고 있습니다. 헌법에는 "모든 국민은 고문을 받지 아니하며, 형사상 자기에게 불리한 진술을 강요당하지 아니한다"라고 밝혀 놓았습니다(제12조 제2항).

보통 사람이 자기에게 유리한 진술인지 불리한 진술인지를 어떻게 알겠어요? 아예 아무 말도 하지 않아도 되도록 한 겁니다. 입 다물고 있어도 혼나지 않습니다. 침묵한다고 범죄를 인정한다고 볼 수 없습니다. 무죄로 추정해야 하잖아요? 털어놓을 때까지 가둬놓는 식의 불이익도 허용하지 않습니다. 여전히 재판에 넘겨질 수는 있습니다. 하지만 재판은 완전히 다른 환경에서 다른 신분으로 열립니다. 수사와 재판은 이어지는 절차이지만 완전히 다른 절차입니다.

높은 곳에 앉는 판사

한시도 가만히 있지 못하는 도윤이와 친구들이 바른 자세로 가만히 앉아 있습니다. 학교 동아리에서 법원 견학을 왔거든요. 판사 한 분이 법원의 업무에 관한 설명을 해주고 몇몇이 조를 나눠 법정에 들어가도록 안내해 줬습니다. 법원 건물 입구에는 검색대가 설치돼 있었는데요. 막상 법정은 입구에 '재판 중'이라는 불이 켜져 있으면 어디든 들어갈 수 있다고 했습니다.

형사 법정 안내문이 붙어있는 한 곳을 골랐는데요. 조용히 하라는 주의가 필요 없을 만큼 숨죽여 들어갔습니다. 법정 안이 워낙 엄숙했거든요. 문을 열자 높다란 법대 위에 판사 한 분이 앉아 있었습니다. 빈자리를 골라 앉아

형사재판(합의부)

방청을 시작했는데요. 판사가 사건을 부르면 방청석 앞쪽에서 차례를 기다리던 사람들이 칸막이 안쪽으로 들어가 재판을 받았습니다.

방청석에서 볼 때 왼쪽에 검사가, 오른쪽에 피고인이 앉았고요. 피고인 곁에 변호사가 함께 앉기도 했습니다. 판사의 진행에 따라 서로 번갈아 앉았다, 일어섰다를 반복하며 어려운 말들을 주고받았는데요. 도윤이네 기억에 강하게 남은 건 판사가 마지막으로 할 말이 없냐며 피고인을 바라보는 모습이었습니다. 다 큰 어른들이 금방이라도 울 것만 같은 얼굴로 억울하다고 혹은 잘못했다면서 선처해 달라고 했습니다.

검사와 피고인 그리고 판사

도윤이와 친구들이 알게 됐듯이 재판은 특별한 사정이 없는 한 국민에게 공개합니다. 헌법으로 정해 놓은 원칙입니다(제109조). 법률가들끼리 밀실에서 쑥덕거린 다음 판결을 내리면 재판받는 사람은 불안하지요. 국민 입장에서도 공정하게 진행하는 것인지 신뢰하기 어렵습니다. 법정 문을 열어 어떤 주장과 증거가 오가는지 누구나 지켜볼 수 있도록 했습니다. 비밀을 보장해줘야 하는 지극히 사적인 내용을 다룰 때만 예외적으로 제한할 수 있습니다. 나라에 따라서는 TV로 재판을 중계하기까지 합니다.

공개는 하지만 형사 법정에는 아무나 들어갈 수 없는 공간이 있습니다. 눈썰미 좋은 도윤이가 알아챈 것처럼 피고인은 방청석 앞쪽 칸막이 너머에서 재판을 받습니다. 그곳이 진짜 형사재판이 이뤄지는 곳입니다. 단지 상징에 그치지 않습니다. 징역형 이상 유죄 판결로 법정 구속을 하면 방청석 쪽으로 다시 나올 수 없거든요. 칸막이 안쪽 별도의 통로를 거쳐 교도소로 가는 겁니다.

방청석을 마주하고 살짝 높게 만들어진 법대에 판사가 앉는데요. 무거운 범죄에 대해서는 판사 세 명이 나란히 앉아 재판합니다. 합의부라고 부르고요. 상대적으로 가벼운 범죄는 한 사람의 단독 판사가 진행합니다. 참고로 법정에서는 단독 판사나 합의부의 부장을 '재판장'이라고 하는데요. 선생님들도 똑같은 교사 자격이 있으면서 하는 일에 따라 담임, 학년 주임 같은 직책을 맡지요. 비슷한 겁니다.

방청석에서 보기에 왼편이 검사석, 오른편이 피고인석입니다. 검사와 피고인이 판사가 아니라 서로를 마주 보며 앉는 겁니다. 서로 대등한 위치라고 했잖아요? 검사는 범죄를 저질렀다며 공격을 하고요. 피고인은 범죄를 인정할 수도 있고, 부인하면서 방어할 수도 있습니다. 재판장은 공격과 방어를 끝까지 지켜본 다음 어느 쪽이 맞는지 판단하는 겁니다.

공정한 재판을 위해 피고인은 변호인의 도움을 받을 수 있습니다. 법률 전문가인 검사를 상대해야 하니까요. 특히 구속된 피고인은 반드시 변호인이 있어야 합니다. 변호사가 아니라 변호인이라고 했습니다. 앞서 판사와 마찬가지로 변호사라는 자격을 가지고 피고인을 도와주는 사람이라는 의미입니다. 복잡하게 뭘 그렇게 여러 가지로 부르나 싶을 텐데요. 재판의 대상이 '사람'이라는 사실을 강조하기 위해서입니다. 호칭 하나에도 인권을 보호하기 위한 의미가 담겨 있는 거예요.

그런 점이 가장 두드러지는 게 피고인을 부르는 용어입니다. 범인으로 의심은 가지만 아직 뚜렷하지 않다면 '용의자'라고 합니다. 수사기관 내부에서만 조사 대상으로 들여다보고 있습니다. 혐의가 있다고 판단하면 공식적으로 수사에 들어가고요. 그때부터 '피의자'로 바뀝니다. 돋보기 아래 놓인 물건처럼 수사의 대상이 됩니다. 컴퓨터 모니터 뒤편을 바라보고 앉아 경찰·검사가 묻는 대로 답해야 하지요. 진술거부권은 있습니다만 조사받는 자리에는 앉아야 합니다. 조사가 끝난 다음 다시 '피고인'으로 바뀌는 겁니다. 법정에서 검사와 마주하는 지위를 회복하지요.

누구인지부터 정확하게

도윤이네가 법정에 머무르는 동안 재판 절차 전체를 파악할 수는 없었습니다. 사실 법에 따르면 가능한 한 처음부터 끝까지 하나의 사건을 집중해 재판해야 합니다. 시작한 사건을 마무리하고 다음 사건으로 넘어가는 거예요.

피고인은 자신에 대한 판결이 길어지는 만큼 오랫동안 불안합니다. 판사, 검사 역시 여러 사건을 한꺼번에 다루면 헷갈릴 수 있으니까요.

현실은 그렇지 못합니다. 워낙 많은 사건을 소화해야 하기 때문인데요. 여러 사건의 절차를 나눠, 필요한 만큼씩 재판하고 있습니다. 보통 한 달에 한 번꼴로 순서가 돌아오다 보니 몇 달씩 걸리기 마련이고요. 때로는 해를 넘기는 일도 많습니다. 우선 정식 재판을 준비하는 날을 따로 마련합니다. 판사, 검사, 피고인이 공격과 방어를 하는 데 몇 번이나 재판이 필요할지 계획표를 짜는 거예요. 어떤 증거를 조사하고, 증인으로 몇 명이나 부를지, 어느 정도 시간이 필요할지 정합니다.

본격적인 재판 첫날 판사는 무슨 얘기부터 할까요? 역시 진술거부권을 알려주는 일부터 합니다. 법정의 분위기는 수사받을 때와 매우 다릅니다. 밀폐된 공간에서 경찰, 검사의 질문에 일대일로 답하는 것보다 훨씬 편안합니다. 공개된 법정에 많은 사람과 함께 있습니다. 변호인도 나란히 앉아 있고요. 판사는 제삼자의 입장에서 검사와 피고인을 바라보고 있습니다. 자신의 입장에서 하고 싶은 말을 충분히 할 수 있는 셈인데요. 그렇더라도 말하기 싫으면 입을 다물 수 있도록 하는 겁니다. 형사 절차의 시작과 끝은 인권 보호입니다.

다음은 재판받는 사람이 누구인지 묻습니다. 이름과 나이, 주소, 하는 일을 꼼꼼히 묻고 신분증을 확인합니다. 범인이 누구인지 찾아 철저하게 수사한 다음 재판이 열리는데요. 그런데 또 묻는 겁니다. 혹시라도 엉뚱한 사람을 처벌하지 않기 위해서입니다. 돈을 받고 대신 교도소에 갈 수도 있잖아요. '설마?'라고 할 수 있지만 그만큼 철저하게 따지는 것이 형사재판이에요.

판사의 확인이 끝나면 검사의 공격부터 시작합니다. 몇 날 몇 시에, 어디서, 어떤 행위를 했고, 이는 무슨 범죄에 해당한다고 주장합니다. 다음은 피고인 순서지요. 검사의 주장에 동의하고 범죄를 자백할 수 있습니다. 배가 너무 고팠다거나, 순간적으로 화를 참을 수 없어서 그랬다면서 가볍게 처벌해달라는 이야기를 덧붙입니다. 반대로 검사의 주장은 사실이 아니라고 부인할 수 있습니다.

양쪽 이야기를 들은 재판장은 판결에 필요한 쟁점을 정리하는 데 필요한 질문을 할 수 있고요. 각자 주장을 뒷받침하는 증거들이 있는지 묻습니다. 형사재판에서 범죄를 증명하는 것은 검사의 몫입니다. 이를테면 범행 현장이 찍힌 CCTV 영상을 제출하지요. 피고인은 그 증거를 믿을 수 없다고 맞섭니다. 범인은 검은색 옷을 입었는데 자신은 당시 하얀 옷을 입었다고 하는 식이에요.

그런 과정이 법원이 하는 증거조사입니다. 판사가 탐정처럼 돋보기를 들고 들여다보지 않습니다. 대부분 수사기관이 서류로 정리해 온 증거를 스크린에 띄워 놓고 검토합니다. 증인신문이 법정에서 직접 이뤄지는 거의 유일한 조사입니다. 현장을 목격했다는 사람을 불러 검사, 피고인(변호인)이 번갈아 원하는 답을 듣기 위해 신문합니다. 경우에 따라 피고인을 증인처럼 신문할 수도 있고요.

공격과 방어가 끝나면 검사는 증거조사 결과 범죄가 드러났다면서 구형을 합니다. 징역 몇 년에 처해 달라고 판사에게 요청하는 거예요. 판사는 마지막으로 변호인, 피고인에게 할 말이 있는지 물어보고 말할 기회를 줍니다. 끝까지 억울하다고 할 수 있고요. 입장을 바꾸어 범죄를 자백하면서 용서해 달라고 할 수도 있습니다. 그렇게 모든 절차를 마치면 판사가 선고할 날짜를 알려주고 끝냅니다.

이런 순서를 처음부터 끝까지 진행하기 어려운 만큼 날짜를 나누는 겁니다. 오전 10시 법정 문이 열리면 결론을 내린 사건들에 대한 선고부터 합니다. 다음, 그날 처음 시작하는 사건들을 진행합니다. 진술거부권 고지부터 판사의 쟁점 정리까지 하는 거예요. 오전 재판은 보통 그렇게 끝납니다. 오후에는 증인신문을 비롯해 증거조사를 하는 사건들을 다룹니다. 간혹 저녁 늦게까지 재판이 이어지기도 합니다.

도윤이네가 형사 절차를 제대로 겪으려면 오전 10시 선고부터 봐야 했습니다. 다음, 처음 재판을 시작하는 사건 몇 개를 보고요. 점심도 먹을 겸 잠시 쉰 다음 오후 2시 이후 증거조사를 경험하는 거지요. 쥐 죽은 듯 조용하기 마련인 법정에서 증인신문이 그나마 가장 역동적입니다. 찾아가는 방법도 쉽습니다. 법정 입구마다 그날 어떤 순서를 진행할지 적어 놓은 알림판이 있거든요.

바라보기만 하는 판사

법정 견학을 했던 도윤이의 눈에 비친 판사의 일은 생각보다 따분해 보였습니다. 근엄한 목소리로 절차를 진행하기는 했는데요. 검사와 변호인에게 순서를 정해주는 정도로 여겨졌습니다. 대부분 양쪽이 하는 일을 말없이 바라보고 있었습니다. 온종일 저렇게 앉아 있으면 힘들겠다는 생각이 들 정도였어요. 진실을 파헤치기 위해서라면 조금 더 적극적으로 사건에 관해 알아보려는 노력을 해야 하지 않을까 싶어 의아했습니다.

도윤이가 기대했던 판사의 모습은 아마 사극에 등장하는 고위 관료의 모습이었나 봅니다. 피고인을 앞에 앉혀 놓고 내려다보며 재판을 하지요. 하급 관리로부터 사건에 관한 설명을 듣고는 직접 이것저것 따져 묻습니다. 혹시 거짓말이라도 하면 앞뒤가 맞지 않는 부분을 지적하며 준엄하게 꾸짖습니다. 간혹 "바른말을 할 때까지 매우 쳐라!"라며 매섭게 몰아세우기도 합니다.

동서양을 막론하고 과거에는 죄다 그런 식의 재판이었습니다. 수사하는 기관과 재판으로 처벌하는 기관이 나뉘어 있지 않았거든요. 삼권분립이 이뤄지지 않은 것과 마찬가지였습니다. 범죄자로 의심 가는 사람을 잡아 올 때부터 이미 결론은 절반 이상 정해져 있었습니다. 재판 절차는 그저 범죄를 확인하는 과정이었습니다. 무죄추정이 아니라 유죄 추정이었기 때문에 고문을 하는 일조차 정당한 일처럼 여겨졌습니다.

민주주의를 이루고 인권을 강조하면서 이런 문제를 극

복하기 위해 마련한 방안이 역할을 나누는 것이었습니다. 의심스럽다면서 재판에 넘기는 역할과 정말로 범죄를 저질렀는지 판단하는 역할을 나눈 것입니다. 검사라는 제도가 만들어진 역사적 배경입니다. 앞서 검사는 경찰의 수사에 문제가 없는지 검토하는 역할이라고 했습니다. 문제가 없다고 판단하면 재판에 넘기지요. 검사 입장에서는 유죄라는 결론을 내리는 것입니다. 다만 최종적인 결론이 아닙니다. 재판을 거쳐야 합니다.

재판을 하는 판사는 어떤 편견이나 선입견 없이 사건을 마주합니다. 검사의 주장만 듣고 옳은지 그른지 판단하지 않습니다. 설령 검사가 빠뜨렸던 점이 보이더라도 판사는 추가로 조사하지 않습니다. 재판은 수사를 이어가는 일이 아니니까요. 오히려 수사 대상이었던 피의자의 신분을 피고인으로 바꿉니다. 검사의 주장에 관해 대등한 위치에서 반론을 제기할 수 있게 하는 겁니다. 판사는 오로지 제삼자의 입장에서 바라보는 것입니다. 재판의 주역을 검사와 피고인으로 보는 셈입니다. **당사자주의**라고 일컫고요. 반대로 판사가 중심이 되면 **직권주의**라고 합니다.

우리법은 당사자주의를 중심으로 직권주의를 보충하고 있습니다. 설령 사건에 관해 궁금한 점이 있더라도 판사

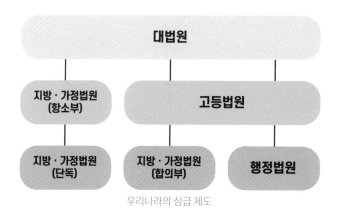

우리나라의 심급 제도

가 직접 파고드는 일은 가능한 한 금지했습니다. 검사와 피고인이 제 역할을 충분히 하도록 하는 방법으로 간접적으로 개입합니다. 도윤이에게 따분해 보였던 까닭입니다. 만약 재판이 모두 끝났는데도 범죄가 명백하게 드러나지 않았다면 어떡할까요? 검사가 판사를 설득하는 데 실패한 겁니다. "의심스러울 때는 피고인의 이익으로"한다는 법언을 들어봤을 거예요. 무죄를 선고해야 합니다. 판결이 나올 때까지 인권침해를 막기 위한 안전장치를 반복해 만들어놓은 것입니다. 경찰은 범인을 붙잡는 일 못지않게 증거를 모으기 위해 수사해야 합니다. 재판에 넘길 수 있을 만큼 충분한지, 그 과정에서 법을 위반하지 않았는지 검사가 검토합니다. 재판에서 다시 피고인에게 반박할 기회를 주고요. 변호인도 힘을 보탭니다. 한 번으로 끝나지 않을 수 있지요. 1심, 2심, 3심으로 거듭 따져볼 수 있습니다. 혹시라도 엉뚱한 사람이 형벌을 받는다면 회복할 수 없는 손해를 입을 수 있기 때문입니다. 형사소송은 진실을 발견하는 일과 함께 절차가 정당해야 한다고 거듭 말씀드리고 있습니다.

악마의 변호인

도윤이가 법정 견학을 갔던 이유가 있습니다. 장래 희망이 변호사거든요. 멋들어진 정장 차림으로 법정에서 "이의 있습니다!"를 외치며 억울한 사람을 돕는 모습을 상상하면 짜릿했습니다. 얽히고설킨 법적 문제를 깔끔하게 정리해 법정에 모인 사람들의 감탄을 자아내게 만들고요. 물론 소득도 많이 올리면 더욱 좋겠지요.

그런데 사실 법정에서 본 변호사들의 모습은 그런 기대와는 달랐습니다. 딱히 큰 소리를 내거나 멋진 웅변을 보여주지 않았습니다. 두꺼운 서류 뭉치를 들고 와서는 정작 말은 몇 마디에 그치는 것처럼 보였고요. 판사를 대할 때도 조심스러워만 하는 모습이었습니다.

이전부터 뉴스에서 간혹 접하는 변호사의 역할도 마음에 들지 않았습니다. 대기업 회장인 피고인이 유명 로펌(법무법인)의 변호사들을 여러 명 선임했다는 식이었거든요. 억울한 사람이 아니라 돈 많은 사람을 돕는 일인가 싶은 생각이 들었습니다. '유전무죄 무전유죄(有錢無罪 無錢有罪, 돈 있는 사람은 무죄로 풀려나지만 돈 없는 사람은 유죄로 처벌받는다는 뜻)'라는 말을 실천하는 사람이 변호사라면 장래 희망을 바꿔야 하나 싶은 거지요.

범죄자를 돕는 이유

형사재판에서 변호인이 돕는 사람들은 대부분 실제 범죄자들입니다. 수사 과정을 생각해보면 그럴 수밖에 없습니다. 막연하게 범인으로 의심하는 것이 아니잖아요. 경찰, 검사가 일부러 누군가를 괴롭히는 일은 거의 없습니다. 경찰이 열심히 수사한 다음 검사가 다시 검토한다고 했죠? 충분한 증거가 있고, 법적인 문제가 없다고 판단하면 재판에 넘기지요.

그러다 보니 애초에 법정에서 무죄를 주장하는 경우는 드뭅니다. 해마다 조금씩 다르지만, 형사재판에 넘겨진 사건 중 95퍼센트 이상이 유죄입니다. 결과적으로 변호인은 '나쁜 사람'을 돕는 일을 훨씬 많이 하는 게 사실입니다. 그래도 도와주는 이유가 뭘까요?

우선 뭉뚱그려 나쁜 것은 사실이지만 구체적인 범죄의 양과 질이 다른 경우가 있기 때문입니다. 도둑질이 맞더라도 훔친 명품 가방이 사실은 '짝퉁'일 수 있습니다. 폭력을 행사하여 크게 다친 줄만 알았는데 원래부터 지병이 있을 수 있고요. 주변 친구들로부터 지속적인 괴롭힘을 받다가 울분을 참지 못해 저질렀을 수도 있습니다. 그런 상황들을 밝혀줘야 죄와 벌의 균형이 맞습니다.

때로는 자기 행동이 법적으로 얼마나 무거운 범죄인지 모르고 있기도 합니다. 변호인의 충분한 설명을 듣고 나서야 진지하게 잘못을 뉘우칩니다. 그럼 판사가 사정을 고려해 형벌을 낮추기도 합니다. 수사하는 경찰, 검사는 그런 부분까지 신경을 쓰기 힘듭니다. 범죄를 밝혀 처벌하는 것이 목적이기 때문입니다.

가장 중요한 이유는 역시 '사람'이 하는 재판이기 때문입니다. 경찰, 검사는 물론 판사마저 잘못된 선입견을 가질 수 있습니다. 해외에서는 인종 때문에 오해받은 사례가 종종 나옵니다. 엉뚱하지만 외모가 뛰어난 사람이면 같은 범죄라도 처벌을 낮게 받는다는 주장도 있습니다. 무엇보다 세상의 그 누구도, 어떤 증거도 정말로 어떤 일이 있었는지 과거를 완벽하게 드러낼 수는 없습니다. 누군가는 처음부터 피고인의 편에서 바라봐줘야 합니다.

강력 범죄를 저지른 사람을 도와주는 변호사를 '악마의 변호인'이라고 부르기도 하는데요. 실제 악마인지 아닌지 재판을 진행해봐야 비로소 판가름이 나는 것입니다. 95퍼센트 이상이 유죄라는 통계를 거꾸로 보면 백 명 중에서 서너 명은 무죄라는 이야기이지요. 만약 제대로 변호를 받지 못했다면 모두 억울하게 감옥에 갔을 겁니다. 그런 일을 막기 위해 변호사가 필요합니다.

'악마의 변호인'이라는 용어는 가톨릭교회에서 만들어졌습니다. 종교적으로 훌륭한 사람을 '성인'으로 추대하는데요. 후보를 심사할 때 처음부터 반대하는 역할을 맡습니다. 훌륭하다는 주장에 대해서도, 그걸 뒷받침하는 증거에 대해서도, 어떻게든 꼬투리를 잡았습니다. 신이 아닌 사람이기에 놓칠 수 있는 부분을 찾기 위해서지요. 모두가 손가락질하는 악당이라 할지라도, 오히려 그런 사람을 돕는 일이 더 큰 정의를 이루는 길일 수 있습니다.

처음부터 끝까지 함께

영화나 드라마를 보면 추격전 끝에 범인을 붙잡은 형사가 가쁜 숨을 부여잡고 꼭 뭔가를 일러주는 장면이 나옵니다. 형사 절차의 필수적인 내용을 포함하고 있는 **미란다 원칙**입니다. 우리나라 경찰은 이렇게 전달합니다.

"당신은 묵비권을 행사할 수 있고 변호사를 선임할 권리가 있습니다. 당신의 진술은 법정에서 불리하게 작용할 수 있으며, 만일 변호사를 구할 수 없을 경우 국가에서 국선변호인을 구해줄 수 있습니다."

그렇게 하는 이유가 있는데요. 진술거부권과 변호인의 도움을 받을 수 있는 권리는 헌법에 적힌 기본권들입니다(제12조 제4항). 그런 권리가 있다는 사실을 반드시 알려주라고 헌법은 꼼꼼하게 요구하고 있습니다(같은 조 제5항). 변호인의 도움이 구체적으로 어떤 내용들인지 살펴봅시다.

일단 자신을 도와줄 변호인을 선임할 수 있는 권리부터 시작해야 합니다. 그걸 보장하지 않으면 도움을 받을 수 있는 기회부터 사라지는 셈이기 때문에 법으로도 제한할 수 없습니다. 체포하는 순간부터 알려주는 이유이기도 합니다.

다음으로, 자유롭게 만날 수 있는 접견교통권이 있습니다. 만남에 그치는 것이 아니라 재판과 관련한 서류와 물건을 주고받을 수 있어야 하니까요. 그밖에 필요한 조치들 역시 변호인을 통해 할 수 있는데요. 이를테면 몸이 아파 의사의 진료를 요청하는 일입니다. 그래야 재판도 정상적으로 받을 수 있을 테니까요.

접견교통권은 특히 구속당한 피고인에게 중요합니다. 도윤이네는 법정에서 판사 앞에 쌓인 어마어마한 서류 더미를 봤습니다. 변호인들도 두꺼운 자료의 페이지들을 밝혀가며 변론했습니다. 경찰, 검찰을 거치는 과정에서 만들어진 증거들입니다. 그럴 수밖에 없지요. 목격자 한 사람을 조사하면서 주고받은 이야기라도 종이에 옮기면 수십 페이지를 넘기기 십상이니까요.

구치소에 갇힌 피고인으로서는 그런 서류를 검토하며 재판을 준비하기 어렵습니다. 차분히 앉아 읽을 책상도, 의자도 주어지지 않습니다. 법률 전문가가 아닌 탓에 읽어도 내용을 제대로 파악하기 쉽지 않습니다. 당연히 온라인으로 검색할 수도 없습니다. 대신 변호인을 만날 수 있어야 합니다. 객관적으로 어떤 상황에 놓여 있는지 듣고 자신의 입장을 해명할 수 있어야 합니다. 자유롭게 대화할 수 있도록 해줘야 해서 교도관이라도 엿들어서는 안 됩니다. 변호인과 주고받는 편지도 함부로 들여다볼 수 없습니다.

꼭 필요한 역할이기에 경제적인 여유가 없는 피고인에게 국가는 변호인을 알선해 줍니다. 바로 국선변호인 제도를 운영하고 있는데요. 종종 억울한 오해를 받습니다. 능력이 부족하거나 성의가 없을 것처럼 말이에요. 그렇지 않습니다. 실제로는 똑같은 자격을 갖췄습니다. 국가를 통해 사건을 맡으면 국선이고, 일하는 사무실에서 직접 맡으면 사선이 됩니다. 아예 국가기관에서 국선변호인만 전문으로 하는 분들도 있는데요. 경력을 쌓아 검사, 판사가 되기도 합니다.

아무래도 수사단계부터 변호인의 도움을 받는 편이 억울한 일을 예방하는 데 유리할 수 있습니다. 법정에서 검사와 대등한 위치에 놓일 때보다 수사 대상인 피의자일 때 위축되기 쉬우니까요. 피의자를 조사하기 전에도 변호인이 참여할 수 있습니다. 다만 우리 형사소송법은 글자 그대로 참여만 허락합니다. 법정에서처럼 피의자의 편에서 적극적으로 싸울 수 없습니다. 물론 함께 있는 것만으로도 수사기관이 잘못된 행동을 하는 일을 막을 수 있고요. 처음부터 사건의 내용을 정확하게 파악할 수 있다는 장점이 있습니다.

수사기관에 더욱 엄격하게

미란다는 사람 이름입니다. 1963년 미국에서 미성년자를 납치해 성폭행까지 저질렀던 아주 나쁜 범죄자였습니다. 미란다는 처음 붙잡혔을 때 범죄를 부인했는데요. 경찰에서 조사를 받으면서 자백했습니다. 하지만 재판받을 때는 다시 억울하다고 주장했습니다. 유죄가 분명해 보이는 사건이었습니다. 어떻게 판결했어야 할까요?

1심 법원에서는 징역 30년 형을 선고했는데요. 최종적으로 대법원이 무죄라며 풀어줬습니다. 진술을 거부할 수 있는 권리, 변호인을 선임할 수 있는 권리가 있다는 사실을 알려주지 않았기 때문입니다. 경찰이 수사 과정에서 잘못을 저질렀기 때문에 벌을 줄 수 없다고 한 것입니다.

이 판결 이후 미국은 물론 대부분 현대 국가에서 반드

시 기본권을 알려주게 된 것입니다. 미란다 원칙이라고 이름을 붙였고요. 그런데 왜 그렇게까지 해야 했을까요? 미란다 한 사람만 놓고 보면 정의에 어긋난다고 생각할 수 있습니다. 반면 그 덕분에 수많은 사람이 기본권을 보장받을 수 있게 됐다는 측면을 강조하면 정의로운 일입니다. 형사소송법은 진실을 밝히는 일 못지않게 정당한 절차를 강조한다고 했습니다. 범죄자를 처벌하는 것만큼이나 억울한 사람을 만들지 않는 일이 중요하다고요.

여전히 고개를 갸웃거릴 수 있습니다. 범죄물에는 뛰어난 능력을 가진 악당들이 등장합니다. 컴퓨터 천재라서 어떤 시스템도 해킹으로 뚫어 버리지요. 힘이 아주 세거나 무술 고수라 경찰들이 맥을 못 추고 쓰러집니다. 시커먼 양복을 차려입은 조직 폭력배들이 세상을 쥐락펴락하기도 합니다. 그런 무시무시한 범죄자들을 상대해야 하는데 미란다 원칙 같은 걸 따진다니 답답하게 느껴질 수 있습니다.

현실에서도 그럴까요? 적어도 대한민국에서는 아닙니다. 간단한 예로 경찰대학교를 떠올려 보세요. 성적은 물론 체력까지 뛰어나야 들어갈 수 있습니다. 일반 경찰도 보통 사람들의 평균을 웃돕니다. 그들은 범죄에 대항하기 위한 체계적인 조직을 갖추고 있습니다. 경찰의 숫자만 해도 10만을 헤아립니다. 검찰 역시 로스쿨 과정을 거친 우수한 인재들로 이뤄져 있습니다. 정말 뛰어난 능력을 가졌다면 굳이 범죄자의 길을 걸어야 할 이유가 있을까요?

공권력은 무척 힘이 셉니다. 몇몇 범죄자들로서는 감히 대항할 생각도 못 합니다. 어두운 뒷골목이 그들의 활동 무대가 될 수밖에 없습니다. 공권력은 잘못 휘두르면 피해 또한 커집니다. 거듭 강조하지만, 사람이 하는 일인 만큼 실수를 저지를 수 있습니다. 그럴 가능성을 줄이기 위해 형사소송 관련 법률들을 만든 겁니다. 다른 누군가의 잘못을 벌주는 일입니다. 깨끗한 손을 가져야겠지요.

재판에 넘길 수 있는 힘

대한민국에서는 원칙적으로 검사만이 누군가를 처벌해 달라면서 재판에 넘길 수 있습니다. 예외적으로 고위공직자범죄수사처(공수처)가 일정 지위 이상 공무원을 맡고 있기는 하지만 일반 국민은 모두 검사가 담당합니다. 공소권이라고 부르는데요. 검사가 가지고 있는 가장 강력한 권한이라고 할 수 있습니다.

물론 재판을 받도록 할 수 있는 것이지 바로 처벌할 수 있는 것은 아닙니다. 유죄 판결이 나기 전까지는 무죄로 추정하고요. 하지만 재판은 그 자체로 보통 사람이 감당하기 어려운 무게로 다가옵니다. 도윤이와 친구들이 봤던 것처럼 방청석 안쪽 칸막이로 들어가는 일입니다. 자칫 무거운 벌을 받으면 가족, 친구에게서 떨어져 오랫동안 교도소에서 지내야 한다는 걱정을 지울 수 없습니다.

한 번에 끝나는 재판도 드뭅니다. 몇 달, 길게는 몇 년 동안 정해진 날짜, 시간에 꼬박꼬박 법정에 서야 합니다. 주변에 알려지면 진실과 상관없이 범죄자로 낙인찍힐 수도 있습니다. 설령 무죄를 받더라도 힘겨운 시간입니다. 재판에 넘길 수 있는 힘이 있다는 것은 곧 봐줄 수도 있다는 뜻입니다. 무죄 판결을 받았다는 사실은 겪지 않아도 될 고통을 겪었다는 사실입니다. 검사에게 막강한 권한인 만큼 수사 대상에게는 무서운 권한입니다.

아무래도 일정한 제한을 할 필요가 있겠지요. 범인이 틀림없을 것이라는 식의 막연한 판단으로 법정에 세우지 못하도록 했습니다. 피고인이 범죄를 저질렀다는 사실을 증명해야 할 책임을 검사가 부담합니다. 수상하다는 정도로는 부족합니다. 범죄를 저질렀다는 사실에 대해 의심할 여지가 없을 만큼 분명한 증거들이어야 합니다.

만약 판사가 보기에 의심스럽다면 피고인의 이익으로 판단합니다. 무죄로 판결합니다. 범죄를 저질렀다는 의심이 있어서 경찰, 검사는 수사를 시작하지요. 하지만 판사에게는 의심의 여지가 없어야 유죄입니다. 판사로 하여금 유죄를 확신하게 할 만큼 충분히 입증하는 것은 검사의 몫입니다.

이에 반해 피고인, 변호인은 검사의 입증에도 불구하고 여전히 의심스러운 부분이 있는지를 찾습니다. 적극적으로 무죄를 밝히는 별도의 사실을 입증하는 것이 아닙니다. 검사가 공격하기 위해 내놓는 증거들 하나하나가 믿을 만한 것들인지 꼼꼼하게 따지는 것입니다. 목격자의 말 중 앞뒤가 맞지 않는 것은 없는지, CCTV에 엉뚱한 사람이 찍히지 않았는지…. 무언가 찜찜한 구석을 찾으면 성공하는 셈입니다.

그럼 다시 검사가 너무 불리해지는 것 아니냐고요? 앞서 경찰과 검찰이 얼마나 힘이 센지 봤습니다. TV 뉴스에서 많은 경찰이 범죄 현장을 수색하는 모습을 봤을 거예요. 최신 기술을 동원한 수사기법이 화제가 되기도 합니다. 정말 죄를 지었다면 빠져나갈 가능성은 거의 없습니다. 혹시 모를 억울한 일을 막기 위한 것입니다.

'진실의 방'은 없다

도윤이와 친구들은 주말에 영화를 보러 갔습니다. 악당들을 한주먹에 날려 버리는 듬직한 형사가 주인공으로 나왔는데요. 교묘하게 법을 피하던 범죄자들을 차례차례 추적해 모조리 때려눕혔습니다. 범죄자들은 뻔뻔하게 오리발을 내밀다가도 주인공에게 걸리면 싹싹 빌면서 잘못을 털어놓았는데요. 주인공이 커다란 팔뚝으로 꾸욱 한 번 누르기만 해도 꼼짝을 못했습니다.

사람뿐만이 아니었습니다. 굳게 닫힌 문도 괴력으로 통째로 뜯어내 버렸지요. 범인을 쫓는 길에 장애물이란 없었습니다. 동료 형사들이 망설일 때면 "내가 책임진다!"라는 멋진 말을 던지며 앞장서 나아갔습니다. 주먹을 휘두

영화 '범죄도시'의 한 장면

를 때마다 "쿵!" 하고 울리는 효과음이 가슴 속까지 뚫어
주는 느낌이었는데요. 영화를 보고 나온 도윤이와 친구들
은 형사를 흉내 내며 허공에 어퍼컷을 날려 보기도 했습
니다.

영화는 영화일 뿐

위험한 장면이 나오는 영화 · 드라마를 보면 따라 하지
말라는 경고문을 볼 수 있습니다. 전문가들이 잘 짜인 각
본에 따라 보여주는 연기를 사실처럼 착각하고 따라 하다
큰일 날 수 있으니까요. 사실, 행동이 아니라 극장에서 즐

기는 걸로 끝내야 하는 일은 따로 있습니다. 도윤이가 재미있게 봤던 영화가 바로 그렇습니다.

결투를 벌이는 장면 정도는 다치는 걸로 끝납니다. 주인공이 수사 과정에서 많은 불법을 저지르는 게 더 심각합니다. 진실을 털어놓게 만든답시고 힘으로 짓눌렀다고 하잖아요? 왜 그 장면을 통쾌하게 봤을까요? 관객들은 범인이 어떤 행동을 했는지 미리 다 봤습니다. 그런 짓을 저질러 놓고 나 몰라라 하는 모습에 화를 내지 않을 사람은 없습니다. 혼쭐을 내주는 형사가 멋져 보일 수밖에요. 그렇게 해서 극적인 효과를 거두는 것입니다.

하지만 현실은 그렇지 않잖아요? 의심스러울 수는 있지만 결코 확실하지 않습니다. 그런 악역을 전문으로 하는 배우들이 있는데요. 주로 악역으로 나온다는 건 아무래도 다른 사람들 눈에 인상이 험상궂어 보이기 때문입니다. 그런 분들이 예능 프로그램에 나와 반전 매력으로 놀라움을 주곤 합니다. 연기와는 달리 실제로는 착해빠진 경우가 많습니다. 어쩌면 생김새 때문에 조금은 억울하지 않을까 싶어질 정도지요.

배우로 활동하는 데는 장점이겠지만 배우가 아닌 평범한 사람이라면요? 조금 험상궂어 보인다는 이유로 사람들이 흘끔흘끔 쳐다보기라도 하면 많이 싫을 겁니다. 나아가 범죄자로 의심까지 받는다면 얼마나 억울하겠습니까? 우연히 사건 현장 근처에 있었을 뿐인데 '진실의 방'으로 끌려가 힘센 형사에게 짓눌림을 당한다면요? 그런 일이 있어서는 안 됩니다.

앞에서, 누군가에 대한 막연한 의심이 아니라 증거를 들어 범죄 사실을 증명해야 한다고 했습니다. 영화 속 형사는 바로 그 증거를 모으는 일을 했던 건데요. 그렇게 폭력을 써서 얻은 증거를 인정해 버리면 형사재판이 필요 없어집니다. 판사와 검사의 역할을 나누고, 피고인에게 대등한 지위를 보장해줘서 법정에서 맞서 싸우도록 해봐야 소용없겠지요. 설령 겁에 질려서 하는 거짓 자백이라도 받아 내기만 하면 될 테니까요.

형사소송에서는 본격적인 재판을 하기 전에 증거로 쓸 수 있는지부터 따집니다. 수사 과정에서나 증거를 모으는 과정에서 정당한 절차를 지켰는지 살핍니다. 이를테면 '미란다 원칙을 알려줬는지?'입니다. 그렇지 않다면 무슨 말을 했든, 없었던 일로 칩니다. 분명히 어떤 얘기를 한 사실이 있고, 그대로 받아 적은 서류가 있더라도 법적으로는 존재하지 않습니다. 아무리 중요한 증거라도 영장

없이 남의 집 문짝을 뜯고 들어가 찾은 것이라면 아예 없는 물건으로 칩니다.

이를 **엄격한 증명**이라고 하는데요. 특히 자백에 관해 철저하게 규정하고 있습니다. 고문, 폭행, 협박, 신체구속의 부당한 장기화 또는 기망(欺罔, 속임수), 기타의 방법으로 얻은 것이라는 의심이 든다면 증거로 하지 못한다고 정해 놓았습니다(형사소송법 제309조). 먼 옛날의 일이 아닙니다. 대한민국 현대사에서도 고문으로 억울한 판결을 받은 사례는 차고 넘칩니다. 영화는 즐길지언정 정말로 그렇게 수사해도 된다고 생각하는 일은 절대로 없어야 합니다.

독이 든 나무의 열매

어쩌면 도윤이는 반론을 펼지도 모르겠습니다. 영화 속 형사는 거짓 자백을 받아 낸 것이 아니기 때문에 다르다고 주장할 수 있습니다. 범죄에 사용했던 흉기를 어디다 감췄는지 알아낸 것이라고요. 범인이 털어놓은 장소에서 칼을 찾았고, 범인의 지문, 피해자의 혈흔까지 나왔다고요. 불법으로 얻은 증거가 아니니까 재판에서 유죄를 선고할 수 있어야 한다고 말입니다.

분명히 경우가 다르기는 합니다. 위법하게 얻은 진술 그 자체가 아니라 그걸 기초로 수사해서 찾아낸 2차 증거에 관한 문제입니다. '독이 든 나무에 열린 열매는 먹을 수 있을까요? 없을까요?' 하는 질문입니다.

영장 없이 남의 집을 뒤지면 안 된다고 했는데요. 그 결과 흉기가 나왔고, 그걸 보여줬더니 범인이 자백했습니다. 흉기는 불법적으로 얻은 증거지만, 자백을 적은 서류는 아니라고 할 수 있을까요? 영장을 받아 도둑의 집을 수색했는데, 훔친 물건뿐만 아니라 마약이 발견됐다면 어떻게 해야 할까요? 법은 이처럼 모호한 상황에서 따져질 때가 많습니다. 누가 봐도 분명한 일들이라면 판사, 검사, 변호인을 동원할 필요가 없겠지요. 원칙적으로는 독이 든 나무의 열매에는 마찬가지로 독이 들어 있다고 봐야 합니다. 먹을 수 없겠지요. 법을 회피하는 수단으로 쓰일 겁니다.

도둑이라는 사실은 분명한데 우연히 마약까지 발견한 경우라면, 예외로 해야겠지요. 일부러 법을 어겨가며 수사한 것은 아닙니다. 나중에라도 영장을 받으면 증거로 쓸 수 있다고 해야 합니다. 실체적 진실 못지않게 정당한 절차가 중요하다고 했는데요. 두 가지를 조화시켜야 한다는 것이지, 어느 한쪽만 강조하자는 것은 아닙니다.

관련해서 '별건 수사'가 종종 문제 됩니다. 누군가의 마약 범죄가 의심스러운데 아무래도 확인할 방법이 없습니다. 마침 그 사람이 누군가로부터 돈을 빌렸다가 안 갚았다는 사실을 알게 됩니다. 갚을 능력이나 의사 없이 돈을 빌리면 사기죄에 해당할 수 있거든요. 이럴 때 공식적으로는 사기로 수사를 시작한 다음 마약 관련 조사를 집중적으로 하는 겁니다. 일반적인 사기 사건보다 훨씬 많은 인력을 투입해서요.

마약 범죄가 확실하지 않은 상황에서 벌이는 수사인 만큼 정당하다고 할 수 없을 텐데요. 현실에서는 여전히 일어나고 있습니다. 특히 수사기관이 누군가를 의심하는데 혐의를 찾지 못했을 때 그렇습니다. 뉴스에 나올 만큼 떠들썩하게 수사를 시작했는데 빈손으로 끝날 수 있습니다. 그럼 잘못을 인정하고 그만두면 될 텐데요. 어떻게든 다른 범죄라도 찾으려 하는 겁니다. 애초에 문제 삼은 혐의가 아니더라도 무조건 재판에 넘기려고 하는 것이지요. 그러다 보면 정당한 절차를 어기고 억울한 피해자를 만들 수 있습니다. 법원에서 무죄를 받더라도 상처는 깊게 남겠지요.

누군가로부터 전해 들은 이야기

누가 시작했는지 모를 소문을 두고 시끄러울 때가 있습니다. 도윤이가 학교 근처 카페에서 같은 반 여학생이랑 데이트하는 걸 봤다는 말이 떠도는 식입니다. 카페뿐만 아니라 극장에서도 목격됐다든지, 언제부터 만나기 시작했다든지 하는 온갖 얘기가 더해집니다. 그러다 보면 어디까지가 사실인지 헷갈리는 일도 생기고요.

그런 소문이 때로는 실제 수사의 단서가 되기도 합니다. 범죄를 목격했다는 이야기가 돌고 돌아 형사의 귀에까지 전해지는 거지요. 일단 정말 믿을 만한 정보인지 확인하는 것이 필요하겠지요. 퍼뜨리는 사람이 아니라 직접 목격한 사람을 찾아야 합니다. 확실하다 싶으면 정식으로 수사한 다음 범인을 재판에 넘깁니다.

이때 목격자의 진술을 받아 적은 서류가 증거로 쓰입니다. 검사는 사건과 관련된 내용들을 모두 서류로 정리해 제출합니다. 다만 조건이 있습니다. 목격자가 법정에서 직접 얘기하는 것과 목격자의 진술을 수사 과정에서 받아 적은 서류는 다릅니다. 다른 누군가를 한 번 더 거치는 것이지요. 마치 도윤이가 데이트하는 것을 봤다고 재욱이로

부터 들었다는 이야기를 예준이가 말하는 모양새입니다.

예준이가 아니라 재욱이를 불러 확인해야 할 필요가 있습니다. 그래야 도윤이가 억울하지 않습니다. 아니라면, 무슨 근거로 도윤이라고 생각했는지 따져 물을 기회를 줘야지요. 사진이나 녹음 파일처럼 얼핏 진실을 기록한 것처럼 보이는 증거들도 마찬가지입니다. 촬영하고 녹음한 사람으로부터 실제 겪었던 일을 직접 들어봐야 합니다. 그런 증거들은 조작하기 쉽다는 위험성까지 있습니다.

판사로서는 잘 정리해 놓은 글을 읽는 쪽이 편합니다. 하지만 그러다 보면 실수를 저지르기 쉽습니다. '아' 다르고 '어' 다르다고 하잖아요? 수사기관 입장에서 필요한 내용만 묻고 답한 기록일 수 있습니다. 반드시 피고인에게 반대 입장에서 물어볼 기회를 주어야 합니다. 서류만을 증거 삼아 재판하려면 피고인이 동의해야 합니다.

말을 증거로 삼는 일에 대해서는 보다 근본적인 문제가 있습니다. 말은 기억에 의존하는 것인데요. 몇 달 전이나 몇 년 전에 있었던 일을 고스란히 기억하고 있으리라는 보장이 없습니다. 일상생활에서도 그런 일을 흔히 접할 수 있습니다. 함께 가족여행을 다녀와도 부모님과 자녀는 좋아했던 볼거리, 먹거리가 다르기 마련입니다. 인상 깊은 일이 다르기에 같은 곳을 다녀와서도 저마다 다른 기억이 남곤 하지요.

불완전할 수밖에 없는 인간의 기억, 그에 따른 말에 의존하면 수사와 재판 역시 불완전할 가능성이 큽니다. 인종이나 성별 따위 등에 관한 편견과 선입견 때문에 처음부터 엉뚱하게 기억하고 있을 수도 있습니다. 영화 속에서처럼 힘센 형사가 무섭게 노려보기라도 하면 어떨까요? 이러저러한 일을 봤던 거 아니냐며 정해진 답변을 유도하면 재빨리 고개를 끄덕일 수도 있습니다. 한번 그렇게 하고 나면 머릿속에 남은 생각이 기억인양 변질되기도 합니다. 누군가의 말에 의존하는 재판은 위험합니다.

판사 마음대로

지금까지는 재판에서 증거로 쓸 수 있는지 없는지, 그 자격에 관한 문제를 다뤘는데요. 일단 증거로 인정한다고 해도 그 증거가 어떤 사실을 밝히는지가 남습니다. 예를 들어, 누군가 범행 현장 근처 CCTV에 찍혔다고 해요. 검사는 범죄 직후 도주하는 길이었다고 주장할 수 있습니다. 반면 피고인은 산책 중에 우연히 찍혔다고 맞설 수 있습니다. 영상 하나로 판단할 수는 없겠지요. 소지품이나 지문이 남지 않았는지, 목격자는 없는지, 평소 그 길로 산책을 다니기는 했는지… 검사와 피고인은 증거 하나하나를 두고 치열하게 다툴 겁니다.

찾을 수 있는 관련 증거들을 낱낱이 긁어모았는데도 모호하다면 어떻게 해야 할까요? 기준은 하나입니다. 판사 마음대로입니다. 형사소송법은 증거에 따라 사실을 인정하라고 합니다. 합리적인 의심이 없을 정도의 증명에 이르러야 한다고 정하고 있습니다(제307조 제1항, 제2항). 도대체 어느 정도면 합리적인 의심이 없을 정도가 되는 걸까요? 판사가 자유롭게 판단하는 겁니다. **자유심증주의**, 글자 그대로 판사 마음이라고 법에 정해 놓았습니다(제308조).

물론 판사는 법률 전문가입니다. 어려운 시험에 합격하고 오랜 기간 훈련을 거쳐 재판을 맡습니다. 양심에 따라 재판하라고 헌법이 무겁게 명령하고 있기도 합니다(제103조). 그렇더라도 여전히 사람입니다. 친구들끼리 똑같은 일을 두고 서로 다르게 생각하는 일을 겪어 봤을 텐데요. 어느 한 사람이 절대적으로 옳다고 보장할 수 없습니다. 그러다 보니 판결을 인정하지 못하는 일들이 생깁니다. 뇌물을 받았다거나 피고인과 특별한 인연이 있어 잘못된 판결을 내렸다는 의심을 갖기도 합니다. 그런데 판사 눈에 그렇게 보였다니 딱히 다툴 방법조차 없습니다. 의심을 넘어 분노가 싹틉니다.

뭔가 보완해야 할 필요가 있지 않을까요? 우리 법원은 오랫동안 많은 사건을 다루는 과정에서 명확하게 정할 수는 없지만 나름의 기준을 세웠다고 주장합니다. 하지만 재판받는 입장에서 불안하기는 마찬가지입니다. 늘 새로운 예외가 있기 마련이니까요. 판사에게 맡길 것이 아니라 증명의 정도를 법으로 정해 놓자는 주장도 있습니다. A라는 증거가 있으면 B라는 사실이 증명됐다고 보자는 것인데요. 수많은 사건에서 수많은 종류의 증거들이 나오는 만큼 쉽지 않습니다.

제3의 방법도 있습니다. 판사 한 사람에게 맡기는 대신 국민이 재판하는 겁니다. 직업 법관인 판사가 진행하되 유무죄에 관한 결정은 배심원이 내리는 거예요. 혹은 아예 재판관 역할을 함께 할 수도 있습니다. **배심제, 참심제**라는 이름으로 운영하는 나라들이 많습니다. 판사의 부담도 줄고, 여럿이 들여다보는 만큼 실수로 억울한 사람을 만들 가능성이 줄어들겠지요.

우리나라도 2008년부터 국민이 배심원을 맡는 **국민참여재판**을 시행하고 있습니다. 형사 합의부 사건 중 피고인이 희망하면 특별한 사정이 없는 한 국민참여재판으로 진행합니다. 배심원은 법원마다 미리 정해 놓은 후보 중에서 무작위로 뽑습니다. 배심원들은 재판에 참석해 검사와 피고인(변호인)의 공격과 방어를 주의 깊게 봐야 합니다. 최종적으로 사건의 쟁점과 증거, 적용할 법률에 관한 재판장의 설명을 들은 다음 회의를 거쳐 판결에 관한 의견을 냅니다. 재판장은 대부분 그대로 판결합니다.

국민이 재판 절차에 참가하는 일은 민주주의와 통합니다. 직업 법관에게 일방적으로 맡기는 대신 **법의 주인**으로서 한 표를 행사하는 일입니다. 국민이 직접 나선다는 것 자체로 검사, 판사를 긴장하게 만들지요. 물론 생업 대신 재판에 나서는 일은 번거로울 수 있습니다. 법률 전문가가 아닌 만큼 부담스러울 수도 있습니다. 하지만 주인의 자리는 그만큼의 책임이 따릅니다. 게을리하다 자신도 모르는 사이에 억울한 재판의 피해자가 될 수도 있습니다.

법은 길을 알려주지 않는다

'법'이라는 말은 실제 법률과 상관없이 일상생활에서 자주 쓰입니다. '시간이 지나면 낫는 법이야', '그런 법이 어딨어', '사랑하는 법을 가르쳐줘' 등등 어떤 현상을 이해하거나 원리를 밝힐 필요가 있을 때 종종 그렇습니다. 일종의 설명서, 매뉴얼처럼 여겨지는 것일 텐데요. 이 때문에 간혹 혼동을 불러일으키기도 합니다. "수출을 주로 하는 사업을 시작하려고 하는데 어떤 법에 나와 있을까요?"라는 식으로 변호사에게 묻기도 합니다. 내비게이션처럼 목적지를 입력하면 가는 길을 일러주기를 바라는 것입니다. 법은 그런 것이 아닙니다. 일상생활에서 법은 알아서 자유롭게 하라고 합니다. 대개는 넘지 말아야 할 선

을 정하는 데 그칩니다. 내비게이션처럼 가는 길을 알려
주는 것이 아니라 운전하는 방법을 알려주는 것이지요.
모로 가도 부산만 가면 된다고 하잖아요? 어떤 길로 어떻
게 갈지는 각자가 정하면 됩니다.

법이 필요한 생활관계

　재산과 가족을 둘러싸고 개인의 일상생활에서 벌어지
는 일들을 정해 놓은 법이 민법입니다. 누군가의 평범한
하루를 가정해봅시다. 시내버스를 타고 학교에 갑니다.
집에 가는 길에 떡볶이를 사 먹었고요. 결혼을 앞둔 삼촌
이 애인과 함께 인사하러 들렀습니다. 오랜만이라면서 용
돈을 두둑하게 주는 거예요. 글쎄, 어머니가 맡아 두겠다
며 1만 원만 남기고 가져가셨습니다.

　어떤 행동이 민법과 관련한 것일까요? 전부입니다. 운
송계약으로 버스를 이용했습니다. 매매계약으로 떡볶이
를 먹었고요. 결혼을 약속한 삼촌과 애인은 약혼이라는
법적 관계입니다. 인정하기 싫겠지만 어머니에게는 친권
자로서 미성년 자녀의 재산을 관리할 수 있는 권한이 있
습니다.

물론 일상의 모든 관계에 법이 관여하는 것은 아닙니다. 성적이 잘 나와서 기분이 좋은 김에 친구에게 떡볶이를 쏘겠다고 합니다. 법적인 효과를 가져올 목적이 있다고 보기 어렵습니다. 그저 인간관계일 것입니다. 지키지 않더라도 살짝 원망을 듣는 정도겠지요. 하지만 돈 없이 버스를 타거나 떡볶이를 먹고, 삼촌이 일방적으로 약혼을 깬다면 어떨까요? 법원에 가서 대가를 치르도록 요구할 수 있습니다. 판결이 나오면 상대방이 원하지 않아도 강제로 목적을 이룰 수 있습니다. 법적 관계와 그렇지 않은 관계의 결정적인 차이입니다.

그런데 구체적으로 법을 모르는 사람들도 별 어려움 없이 사는데요. 어떻게 가능할까요? 어른들을 따라 하면서, 다른 사람들을 보면서, 자연스레 익혔기 때문일 겁니다. 이보다 중요한 이유는 민법의 중요한 원칙이 '자유'로 시작하기 때문입니다. 법에서 제한하고 있는 일들이 아니라면 개인은 국가의 간섭이나 도움 없이 법률관계를 이룰 수 있습니다. 원하는 바에 따라 재화나 서비스를 얼마든지 서로 주고받을 수 있도록 **계약자유의 원칙**을 두고 있습니다.

원칙이 당연하게 통하는 세상에 살고 있기에 오히려 느

끼기 어려운데요. 사극에 등장하는 사람들의 직업이 몇 가지나 되는지 생각해본 적 있을까요? 아마 그다지 특별한 기억이 없을 겁니다. 예전엔 산업이 단순했고 할 수 있는 일 자체가 많지 않았으니까요. 재화도 서비스도 뻔했습니다. 자연스레, 하는 일들도 비슷했지요. 그것도 타고난 신분에 따라 정해졌습니다.

과학기술이 발전하고 산업혁명을 거치면서 인류의 생활은 극적으로 변했습니다. 생각지도 못했던 물건들이 쏟아졌고, 할 수 있는 일도 훨씬 다양해졌습니다. 더 좋은 재화, 특별한 서비스를 제공하는 사람은 남들보다 많은 돈을 벌 수 있는 기반이 만들어진 겁니다. 계약자유의 원칙이 그걸 법적으로 뒷받침해준 셈입니다. 타고난 신분 따위에 얽매이지 않는 새로운 세상이 열렸습니다. 오늘날 누리는 풍요에 민법이 한몫하고 있습니다.

자유로운 계약에 따라 개인이 갖게 된 재화를 국가의 간섭없이 쓸 수 있다는 **소유권 절대의 원칙**이 뒤따르고요. 만약 계약을 이행하는 과정에서 손해가 발생했다면 과실이 있는 사람이 책임져야 한다는 **과실책임의 원칙**까지 3대 원칙을 이룹니다. 민법은 많은 법 조항으로 이뤄져 있는데요. 그 모두가 이 원칙들이 지켜지도록 뒷받침하는 것입니다.

사람만이 가질 수 있는 권리와 의무

그럼 계약이란 무엇일까요? 다른 누군가와 주고받는 약속입니다. 메뉴판을 보고 떡볶이 1인분을 주문합니다. 떡볶이에 대한 매매계약을 하고 싶다는 의사표시입니다. 사장님이 받아들이면 계약이 이뤄진 것이고요. 두 사람 사이에는 각각의 권리와 의무가 생깁니다. 사장님은 1인분을 제공할 의무와 그에 해당하는 가격을 받을 권리가 있습니다. 주문한 사람은 떡볶이를 받을 권리와 값을 치를 의무가 있고요.

세상의 수많은 일들이 이처럼 다양한 내용의 계약에 따라 이뤄지고 있는 겁니다. 가만히 주변을 살펴보면 거미줄처럼 촘촘히 얽힌 약속들을 찾을 수 있을 겁니다. 민법에서는 매매, 임대차, 고용, 여행 계약 등 사회에서 흔하게 이루어지는 계약 15가지를 정리해 놓았는데요. 다만 서로가 동의하기만 한다면 얼마든지 다른 내용으로 약속을 정할 수 있습니다.

지켜야 할 권리와 의무를 만드는 일이기에 오직 살아있

는 사람끼리 할 수 있습니다. 엄마 배 속의 아기나 돌아가신 분과는 약속할 수 없습니다. 이들은 세상에 대해 아무런 권리가 없습니다. 아무리 자식처럼 여기는 반려동물이라고 할지라도 유산을 물려주거나 할 수는 없습니다. 다만, 사람이 아닌데 법이 사람으로 인정하는 '법인法人'이 있기는 합니다. 사회가 발전하면서 한 두 사람의 개인으로는 해낼 수 없는 일들이 많이 생겼기 때문입니다. 휴대폰 회사를 떠올려 보세요. 그 회사의 수많은 직원 중 누구로부터 휴대폰을 사는 걸까요? 그들이 팔아서 얻는 수익은 누구의 것이라고 해야 할까요?

회사 자체를 하나의 사람인 양 여겨 권리와 의무를 가지도록 할 필요가 있습니다. 회사라는, 법으로 인격을 부여받은 존재가 휴대폰을 파는 것이고요. 직원들은 회사와 고용계약을 체결해 노동력을 제공하는 것입니다.

다만 사람인데도 청소년은 혼자 계약을 비롯한 법적 효과를 가져오는 행위를 하지 못합니다. 권리와 의무를 갖기 위해 부모님이나 다른 어른이 나서줘야 합니다. 책이나 학용품을 사는 일처럼 미리 허락받은 범위 이내에서만 예외적으로 혼자 할 수 있습니다. 설령 마음대로 쓸 수 있는 용돈이라고 할지라도 그걸 모아 값비싼 명품을 사거나 할 수도 없습니다.

억울하게 느껴질 수 있는데요. 이유가 있습니다. 법적 관계에서 지키지 않은 약속은 법원이 강제로 실현시킨다고 했잖아요? 청소년은 사회 경험이 없는 상태에서 덜컥 불리한 계약을 체결할 수 있기 때문입니다. 상인들은 태블릿 PC가 갖고 싶으면 언제든 나중에 값을 치르면 된다고 유혹합니다. 그럴듯하겠지요? 하지만 높은 이자가 따라붙을 수 있습니다. 나중에 정작 돈을 벌어도 빚을 갚느라 허덕이며 살 수 있잖아요? 청소년을 보호하기 위한 장치입니다.

무엇을 원하는지 분명하게

서로 약속을 하려면 먼저 서로 어떤 내용을 원하는지 의사표시를 분명히 해야 합니다. 당연한 말처럼 들리지만 그렇지 않습니다. 예를 들어, 친구에게 음료수 하나를 사준다고 얘기했어요. 뭐가 정해진 것일까요? '언제, 어디서'를 비롯해 따질 것이 많습니다. 또, 음료수라고 하지만 얼마나 많은 종류가 있어요? 꼭 바르고 고운 말이 필요한 게 아닙니다. 막연하게 '음료수'가 아니라 350mm 캔 음료 하나를, 학교 앞 편의점에서, 내일까지 사주겠다는 식이어야 합니다.

일상생활의 사소한 약속도 서로 다르게 생각하는 바람에 틀어지는 경우가 흔합니다. 내가 언제 그렇게 말했냐면서 다퉜던 기억이 있을 겁니다. 자유롭기 위해서라도 서로 정확해야 하고요. 어느 누가 보더라도 명확하게 알 수 있도록 하는 것이 중요합니다. 회사들끼리 수억 원, 수십억 원이 걸린 거래를 하는 경우를 생각해보세요. 정해야 할 것이 한두 가지가 아닙니다. 휴대폰을 만들기 위해 다른 회사로부터 반도체를 샀는데 크기를 서로 다르게 여긴다면 어마어마한 손해가 발생하겠지요. 어쩌면 민법에서 가장 중요하게 기억해야 할 일입니다.

다음은 기록입니다. 말로만 주고받다 보면 어떤 생각을 하고 있는지 정확하게 알기 어렵습니다. 각자 자신에게 유리하고 이익이 되는 쪽으로 받아들이기 쉽습니다. 문서로 정리하는 과정에서 서로 원하는 내용을 보다 정확하게 할 수 있습니다. 같은 단어를 두고도 사람마다 다른 뜻으로 쓰는 일이 종종 있습니다. "콩떡같이 말해도 찰떡같이 알아듣는다"라는 속담이 있지요. 정확하게 표현하지 않더라도 듣는 사람이 잘 알아들으라는 것인데요. 일상생활이라면 모를까, 법은 절대로 인정하지 않습니다.

물론 기록이 없다고 약속이 사라지는 것은 아닙니다. 약속대로 잘 지켜지면 그걸로 충분하겠지요. 그렇지 않을 때가 문제입니다. 법원에 가서 '나한테 이러저러한 권리가 있는데 상대방이 이행하지 않고 있다'라고 하려면 이를 뒷받침하는 문서가 있어야 합니다. 아무리 그럴듯하게 말을 잘해도 증거가 없으면 판사가 손을 들어줄 수 없습니다.

민법과 관련한 소송의 상당 부분은 주장을 뒷받침할 문서가 있는지와 그 문서가 어떤 뜻인지를 둘러싸고 이뤄집니다. 과거에는 기록을 따로 만들기 힘들 때가 많았습니다. 잘 아는 사이에 무슨 서류를 쓰냐며 주먹구구로 일하기도 했습니다. 그러다 탈이 나면 친한 친구에서 원수로 바뀌기도 했고요. 다행히 요즘엔 다양한 종류의 기록들이 존재합니다. 문자 메시지, 이메일로 의사를 주고받는 경우가 많으니까요. 그런 것들도 잘 정리하면 기록입니다. 물론 그 안에 정확한 내용들이 들어가 있어야겠지요. 법에 관해 구체적으로 모르더라도 명확한 의사표시를 기록으로 남기는 습관을 들이기를 바랍니다.

진짜 자유를 보장하기 위한 수정

각자 원하는 내용으로 자유로운 계약을 하기 위해서는 몇 가지 전제 조건이 필요합니다. 우선 대등한 관계여야 합니다. 민법의 3대 원칙이 만들어지기 전에는 왕, 귀족 같은 특수계급이 권력을 차지하고 있었습니다. 평민들은 그들이 시키는 일을 일방적으로 해야 했지요. 귀족의 땅에서 농사를 지으면서, 귀족이 달라는 대로 곡식을 바쳐야 했습니다. 자유로운 계약은 꿈도 꾸기 어려웠습니다.

앞서 살펴본 것처럼 신분제가 무너지고 산업이 발전하면서 민법의 3대 원칙이 만들어졌는데요. 과거에서 벗어나 자유를 얻었는데, 다시 새로운 상황이 만들어졌습니다. 타고난 신분은 아니지만, 현실적으로 경제적 측면에서 절대적 우위에 선 사람들이 생겼습니다. 휴대폰을 생산하는 대기업 회장과 그 회사의 직원이 대등한 관계라고 볼 수 있을까요?

무조건 자유로운 계약이라며 보장하면 오히려 한쪽은 자유를 잃게 될 수 있습니다. 별다른 이유 없이 그저 마음에 들지 않는다는 이유로 해고하거나 형편없이 임금을 낮출 수 있습니다. 그렇게 해서 직원이 회사를 그만둔다면 그걸 '자유'라고 할 수 있을까요? 요즘은 누구나 사용할 수밖에 없는 스마트폰 요금을 일제히 올려받더라도 소비자 한 사람 한 사람이 대응하기 어렵습니다. 쓰기 싫으면 사용하지 않는 '자유'를 누린다고 할 수 없습니다.

'계약자유의 원칙'을 **계약공정의 원칙**으로 수정해야 할 필요가 생겼습니다. 자유를 보장하면서도 남용하지는 않도록 말입니다. 대표적으로 민법은 일반적인 사회 질서에 반하거나 공정성을 현저하게 잃은 계약은 보호해주지 않는다고 밝히고 있습니다(제103조, 제104조). 범죄 영화를 보면 무서운 폭력배가 흉기를 휘두르며 '신체 포기 각서'를 받는 장면이 나오는데요. 그렇게 체결된 계약을 '자유'라는 이름으로 지켜줄 수는 없습니다. 기업에 비해 상대적으로 약자인 개별 소비자를 보호하기 위한 '소비자기본법', 회사들끼리도 힘의 차이 때문에 억울한 일이 생기지 않도록 한 '독점규제 및 공정거래에 관한 법률'이 그래서 만들어졌습니다.

다른 원칙들도 마찬가지입니다. '소유권 절대의 원칙'을 고집할 게 아니라 개인 소유 물건이더라도 다른 사람을 배려해 써야 할 수 있습니다. 오랫동안 주민들이 사용하던 골목길인데요. 측량을 해보니 주인이 있는 땅인 거예요. 주인이 마당을 넓히겠다고 길을 막아 버리면 주민 들에게 너무 큰 피해를 입힐 겁니다. 또는 국가, 지방자치 단체가 산업 단지를 꾸밀 계획을 세웠습니다. 이때다 싶 어, 실제 가격의 백 배쯤 주지 않으면 땅을 내놓지 않겠다 고 버티면 공익을 해치는 일입니다. 그래서 공공복리에 적합하게 소유권을 행사하도록 했습니다(헌법 제23조 제2 항).

계약을 이행하는 과정에서 문제가 생기면 잘못한 정도 에 따라 책임을 지도록 한 '과실책임의 원칙'은 어떨까요? 과학기술의 발전은 인류에게 편리함을 주지만 때로는 그 만큼 큰 위험을 가져 옵니다. 복잡해진 만큼 뭐가 문제인 지 알기 어려울 수 있습니다. 가정에서 사용하는 전자제 품이 폭발해 식구들이 크게 다쳤는데 딱히 회사 잘못이 드러나지 않습니다. 그렇다고 새 제품으로 바꿔 주는 데 서 그치면 곤란하겠지요? 과실 여부를 떠나 적절한 배상 이 필요합니다.

과실을 따지는 일은 뒤에서 살펴볼 소송 과정에서 특히 중요합니다. 교통사고를 당한 어른들이 도로에서 서로 잘 잘못을 따지며 다투는 경우를 본 적이 있을 거예요. 그런 일이 소송에서도 벌어집니다. 물론 소리 높여 삿대질하는 것이 아니라 법에 따라 진행하는데요. 법을 잘 모르거나 경제적 어려움 때문에 변호사의 도움을 받을 수 없으면 불이익을 겪을 수 있습니다. 역시 자유라는 이름으로 마냥 각자에게 맡길 수 없습니다. 전문가의 도움을 받을 수 있는 '소송구조' 같은 제도를 운영하는 일이 그래서 필요합니다.

결국은 돈 때문에?

혹시 좋아하는 연예인이 있나요? 배우, 가수, 스포츠 스타 같은 유명인이 저지른 사건으로 떠들썩할 때가 있습니다. 음주운전으로 교통사고를 일으키거나 다른 사람과 실랑이 끝에 폭력을 휘두를 수 있습니다. 그런 일이 알려지면 대중의 관심과 애정이 컸던 만큼이나 따가운 눈총이 쏟아집니다. 그동안 누렸던 인기를 한순간에 잃을 수 있습니다. 거기서 그치지 않고 법적인 책임까지 져야 할 수 있습니다. 방영 중인 프로그램에서 하차하는 일은 물론, 미리 촬영한 분량마저 포기해야 한다고 하지요. 이런저런 제품의 광고 모델에서 내려와야 하고요. 그로 인해 막대한 돈을 물어줘야 할 수 있다는 뉴스도 본 적 있을 겁니다. 왜 그럴까요?

신의에 따라 성실하게

민법을 한마디로 정리하면 약속을 잘 지키라는 것입니다. 자유롭게 체결한 정당한 내용의 계약에 따라 당사자들에게 권리와 의무가 생긴다고 했습니다. 그대로 실현하면 그걸로 끝입니다. 따로 법을 들여다볼 필요조차 없습니다. 민법은 첫머리에서 명시적으로 밝히고 있습니다.

"권리의 행사와 의무의 이행은 신의에 좇아 성실히 하여야 한다 (제2조 제1항)."

그다음으로 이어지는 많은 내용은 어떻게 약속을 맺어야 하는지, 신의에 좇아 성실하게 지키려면 어떻게 해야 하는지 예시를 들고 있는 셈입니다. 이어, 넘지 말아야 할 선이 어디 있는지 알려주고요. 마지막으로, 지켜지지 않으면 어떻게 할 것인지 유형에 따라 자세하게 나눠 놓았습니다.

앞서 정확하게 약속해야 하는 이유와 방법에 관해 살펴

봤고요. 어기면 의무를 어긴 것이라고 해서 **채무불이행**이라고 부릅니다. 사고를 일으킨 유명 연예인으로 돌아가봅시다. 진행 중인 프로그램에서 하차하는 것은 그렇다 치더라도 이미 찍어 놓은 분량마저 포기해야 하는 이유가 뭘까요? 출연료를 받고 방송국에서 요구하는 연기를 모두 다 했을 텐데요.

단지 촬영에 응하는 것만이 계약의 내용이 아닐 수 있기 때문입니다. 만약 어떤 배우가 메디컬 드라마에서 응급 환자를 살리는 멋진 의사 역할을 맡았다고 해볼까요? 그런 배우가 현실에서 술을 마시고 운전하는 바람에 다른 사람을 다치게 했습니다. 아무래도 시청자로서는 드라마에 빠져들기 어렵겠지요. 그런 일을 막기 위해 연예인과 체결하는 계약에 대개 '품위유지의무'라는 내용을 넣습니다. 배우로서는 방영을 마칠 때까지 사생활에서도 조심하겠다는 약속이지요. 음주운전은 그 약속을 어기는 일이라고 볼 수 있습니다.

채무불이행에 관해 조금 더 구체적으로 알아봅시다. 우선 일부러 저지른, 혹은 충분한 주의를 기울이지 않은 과실이 있어야 합니다. 민법의 3대 원칙 중 '과실책임의 원칙'이 있다고 했는데요. 같은 원리입니다. 천재지변처럼 누구의 잘못으로도 돌릴 수 없는 이유로 약속을 지키지 못했는데 책임까지 묻는 것은 가혹하니까요.

객관적으로는 몇 가지 유형에 따라 나뉠 수 있습니다. 먼저 약속된 기한을 지키지 못했을 때를 '이행지체'라고 합니다. 늦어지는 만큼의 손해를 배상해야 하지요. 돈을 갚기로 한 날짜를 넘겼다면 그만큼의 이자를 덧붙이는 식입니다. 경우에 따라 아예 없었던 일로 계약을 해제할 수도 있습니다. 생일 케이크라는 사실을 밝히고 주문했는데 생일이 지난 뒤에 가져다주면 소용이 없을 테니까요. 손해배상도 그에 맞춰야 합니다.

아예 약속을 지킬 수 없게 됐으면 '이행불능'입니다. 집을 팔기로 해놓고 다른 사람에게 넘겨주는 일이 그런 경우입니다. 계약은 깨진 것이고 그에 맞는 손해배상 역시 해야 합니다.

맡은 일을 하기는 했는데 제대로 안 하는 경우도 있습니다. '불완전이행'이라고 하는데요. 새로 지은 집이랍시고 들어갔더니 천정에서 주룩주룩 물이 새는 겁니다. 이럴 때는 손해배상은 물론이고 멀쩡한 지붕으로 수리해줘야 합니다.

변호사를 산다

딱히 듣기 좋은 말은 아닌데요. 법적인 문제를 해결하기 위해 변호사에게 의뢰하는 일을 '변호사를 산다'라고 표현하기도 합니다. 정확한 유래를 알 수는 없지만 아무래도 '사건의 결론이 돈일 때가 많아서'일 수 있습니다. 채무불이행이 있으면 손해배상을 해야 한다고 했는데요. 민법은 손해배상의 방법을 원칙적으로 돈으로 정해 놓았습니다(제394조). 뒤에 살펴볼 불법행위에 대해서도 그렇습니다. 다른 방법이 있냐고요? 다른 사람 물건을 망가뜨렸다면 고쳐 놓거나 새 물건을 주라고 정할 수도 있잖아요. 손해배상을 돈으로 하라고 법으로 정해 놓으니, 일상생활에서도 돈으로 배상하는 걸 당연하게 여기게 된 것입니다.

그럼 얼마나 물어줘야 할까요? 음주운전으로 광고 모델 자리를 잃게 된 연예인 얘기로 돌아가 봅시다. 모델료는 당연히 돌려줘야 할 겁니다. 더 나아가 광고주 입장에서는 상품의 가치가 떨어지는 손해를 입었다고 여길 수도 있습니다. 심지어 그 때문에 스트레스를 받은 나머지 탈모가 왔다고 할 수도 있지요. 모발 이식 비용까지 물어내라고 할 수 있을까요?

어디까지 책임을 져야 하는지에 관해, 민법은 통상의 손해를 한도로 하고, 특별한 사정에 대해서는 알았거나 알 수 있었을 때만 물어주라고 합니다(제393조). 계약했을 때를 기준으로 약속이 지켜지지 않으면 일반적으로 얼마만큼 손해가 발생할지 예상할 수 있는 만큼이 원칙이라는 것입니다. 약속을 어기고 다른 사람에게 집을 팔았다면 집값을 기준으로 하면 된다는 것이에요. 그러니까 1억 원에 팔기로 약속하고 돈까지 받았는데, 그 사이 집값이 2억 원으로 올랐다는 이유로 다른 사람에게 집을 넘겨 버렸다면 원래 약속했던 사람은 2억 원을 돌려받을 수 있습니다. 집값으로 줬던 1억 원에 손해배상 1억 원을 더하는 거지요. 잘못된 행위로 얻은 이익을 뺏는 겁니다.

특별한 사정이란 어떤 걸까요? 다시 예를 들어볼게요. 어떤 무역회사가 스마트폰 액세서리 1만 개를 1억 원을 주고 제조회사에 주문했습니다. 무역회사는 다른 나라에 1억 5천만 원에 공급하기로 했고요. 만약 약속된 날짜를 어기는 바람에 수출을 못 하게 됐다면 무역회사는 5천만 원 손해를 보는 셈인데요. 원래 주기로 했던 1억 원은 물론 손해를 본 5천만 원까지 받으려면, 제조회사에 수출계약이 있으니 날짜를 꼭 지켜야 한다고 미리 알렸어야 합니다.

일상생활에서도 비슷한 원리를 찾아볼 수 있습니다. 대중목욕탕 같은 곳에 가면 귀중품을 미리 맡기라는 안내문을 볼 수 있습니다. 혹시라도 보관함에 보관한 소지품을 도난당하더라도 일반적인 옷값 정도를 물어주는 것이 원칙이기 때문입니다. 택배를 이용할 때도 마찬가지예요. 값비싼 물건이라면 먼저 알려 줘야 만약의 경우 손해배상을 받을 수 있습니다. 그만큼 더 신경을 쓰고, 요금도 더 받아야 하겠지요.

그럼 문제를 일으킨 연예인은요? 모델료를 돌려주면 기업은 다른 모델을 쓸 수 있겠지요. 새롭게 광고를 찍는 데 필요한 비용까지는 통상 손해라고 볼 수 있을 겁니다. 다만 제품의 이미지를 떨어뜨린 손해나 광고주가 겪는 정신적 피해까지 물어 줘야 할지는 모호할 겁니다. 그런 경우에 대비해 미리 손해배상 액수를 정해 놓기도 하는데요. 위약금이라는 말을 들어봤을 겁니다. 일상에서도 위약금을 정해 놓는 일이 종종 있기 때문에 사회에서 계약을 할 때는 주의해야 합니다. 자칫 엄청난 액수의 손해배상을 해야 할 수도 있으니까요.

약속 없이 생기는 권리와 의무

계약을 어겼을 때만 손해배상을 해야 하는 것은 아닙니다. 처음 보는 사람과 다투다 그만 주먹을 휘둘러 다치게 했습니다. 폭행죄 혹은 상해죄로 형사처벌을 받겠지요. 다만 그건 국가와의 관계에서 이루어지는 형법의 영역입니다. 민법에 따라 상대방에게 치료비를 비롯한 손해배상을 해줘야 합니다. 모르는 사이였으니 당연히 어떤 약속도 없었지요. 민법상 '불법행위'에 해당하기 때문에 손해배상에 관한 권리와 의무가 각자에게 생깁니다. 계약 위반과 마찬가지로 돈으로 물어주는 것이 원칙입니다.

불법행위는 고의는 물론 과실에 의해서도 이뤄집니다. 자동차를 운전하다 잠시 한눈을 파는 바람에 교통사고를 일으키는 것처럼요. 일부러 한 행동은 아니지만, 민법으로 책임을 묻습니다. 태풍에 떠밀려 어쩔 수 없었다는 식의 특별한 사정이 없는 한 사람이나 재산(자동차)을 상하게 만드는 일은 법을 어긴 것으로 보기 때문입니다. 형법에서의 불법보다 훨씬 넓은 개념입니다.

손해배상의 범위는 잘못한 일과 그 결과 사이에 인과관계가 있는 한도입니다. '까마귀 날자 배 떨어진다'라는 속담이 있습니다. 교통사고 때문에 아픈 곳이 아니라 원래부터 아팠던 곳까지 책임지라고 할 수는 없습니다.

14세 미만인 청소년은 형사처벌을 하지 않는다고 했는데요. 마찬가지 원리가 민법에도 있습니다. 자기가 어떤 일을 저지르는지 모르는 아이가 있잖아요. 애써서 해놓은 과제에 다섯 살 동생이 온통 낙서를 해버렸습니다. 억울하겠지만 부모님은 과제물을 잘 간수하지 못한 여러분을 나무랄 거에요. 동생에게 **책임능력**이 없기 때문이라고 하는데요. 형법과 달리 몇 살이라고 딱 정해 놓지 않았지만, 법원은 초등학교 고학년 정도면 책임능력이 있다고 합니다. 잘잘못을 따지는 것보다 상대방의 손해를 배상하는 데 무게를 두기 때문에 그렇습니다.

고개를 갸웃하게 되지 않나요? 그런 식이라면 뛰노는 아이 곁에 절대로 가까이 가면 안 된다는 생각이 들 수 있습니다. 책상을 뒤엎어 아끼는 태블릿 PC를 박살 내더라도 손해배상을 물을 수 없을 테니까요. 그렇지는 않습니다. 책임능력 없는 아이가 저지른 일에 대해서는 부모님처럼 미성년자를 돌볼 법적 의무가 있는 사람이 손해배상을 해줘야 합니다(민법 제755조).

여기서 끝이 아닙니다. 그럼 책임능력 있는 중고등학생

이라면요? 책임은 져야 하는데 돈이 없겠지요. 여전히 미성년자인 만큼 부모님이나 선생님은 청소년의 일상생활을 감독해야 할 법적 의무가 있습니다. 그걸 게을리한 나머지 사고를 일으킨 것이라면 그분들의 잘못으로 봐서 손해배상을 하라고 합니다. 부모님이나 선생님이 종종 여러분의 행동에 간섭하는 것은 이처럼 이유가 있어서입니다.

민법은 그밖에 몇 가지 특수한 불법행위를 정해 두고 있습니다. 업무를 하는 과정에서 직원이 고객에게 잘못을 저지르면 회사가 손해를 배상하는 '사용자 책임', 거리를 걷다 간판이 떨어져 행인이 다쳤다면 그걸 설치한 사람에게 책임을 지우는 '공작물 점유자·소유자 책임', 산책하던 반려견이 누군가를 물었다면 데리고 있던 사람이 부담해야 하는 '동물 점유자의 책임' 같은 것들입니다.

얼마면 될까?

불법행위에 대한 손해배상 역시 돈으로 물어줘야 한다고 했는데요. 그럼 어떻게, 얼마로 계산해야 할까요? 우리 법원은 피해자에게 직접적으로 발생한 비용인 적극적 손해, 얻을 수 있었던 이익을 잃었다는 소극적 손해, 마지막으로 정신적 손해인 위자료 3가지로 나누는 **손해 삼분설**을 택하고 있습니다. 그걸 합한 다음 피해자에게 과실이 있다면 그만큼을 뺀 금액이 손해배상 액수가 됩니다.

주변에서 가장 흔하게 접할 수 있는 불법행위인 교통사고를 예로 들어 보겠습니다. 빨간 신호에 멈춘 차를 뒤따라오던 다른 차량이 들이받았습니다. 앞차와 거리를 충분히 두지 않은 상태에서 전방 주시를 게을리한 과실 때문이었습니다. 후방 등과 범퍼가 파손됐고요. 타고 있던 운전자는 다쳤습니다. 적극적 손해는 명백합니다. 차량을 수리하는 데 필요한 비용과 운전자의 치료비겠지요.

소극적 손해는 불법행위가 없었다면 피해자가 얻을 수 있었을 이익과 피해를 본 다음의 재산 상태를 비교한 차이입니다. 차를 고치는 동안은 차를 사용할 수 없겠지요. 비슷한 종류의 차를 렌트하거나 다른 교통수단을 이용해야 합니다. 돈이 들겠지요. 또, 운전자는 입원한 기간에 일할 수 없을 겁니다. 운전자가 벌 수 있었던 액수만큼 물어줘야 합니다. 피해 차량이 비싼 차량이라면, 피해자가 평소에 수입이 많은 사람이라면, 손해배상 액수는 커질 거에요. 조심해야 하겠다는 생각이 들지 않아요?

더 심각한 상황이 생길 수도 있습니다. 장애를 입는 바람에 일할 수 있는 능력이 줄어들었다면 어떻게 될까요? 다치지 않았다면 언제까지 얼마를 벌 수 있었을지 계산합니다. 아주 쉽게 줄이면 이런 식입니다. 65세에 정년퇴직인 회사에 다니는 45세 직장인의 노동능력을 30퍼센트 잃게 했다고 가정해봅시다. 그럼 사고 이후 20년 동안 벌 수 있었을 돈의 30퍼센트를 물어줘야 합니다.

피해를 볼 무렵 얼마나 수입을 올리고 있었는지, 그때부터 몇 년이나 일할 수 있었을 거라고 볼 것인지에 따라 같은 피해라도 손해배상 액수는 천차만별이 됩니다. 만약 하는 일이 일정하지 않은 사람이나 취업하기 전인 청소년이라면 어떻게 기준을 잡을까요? 우리 법은 수입이 가장 낮은 직업으로 계산하라고 합니다. 불확실하다는 이유로 청소년의 장래성을 무시하는 셈입니다. 한편, 일할 수 있을 것으로 보는 최종 나이도 너무 젊습니다. 의학의 발달 덕분에 갈수록 건강한 어르신이 많아지고 있는데 여전히 60세 무렵 이후에는 수입이 없을 것으로 칩니다.

우리 법원에 따르면 정신적 손해인 위자료 역시 받기 힘듭니다. 특별한 사정이 없는 한 재산상 피해가 복구되면 정신적 고통도 없어진다고 봅니다. 누군가가 물건을 망가뜨렸다면 그 물건의 중고 가격만 손해배상액으로 인정하는 거예요. 부모님이 물려주셨다든지 해서 피해 본 사람 입장에서는 세상에 단 하나뿐인 물건이라고 할지라도 여전히 그렇습니다.

손해배상에 관해서는 그 밖에도 여러 가지 문제를 지적할 수 있습니다. 대표적으로 대기업이 소비자에게 소소한 손해를 끼치는 경우가 있는데요. 소비자가 불법행위라는 사실을 밝히기 어렵고, 알아도 소송이 어려울 수 있습니다. 손해배상을 받으려면 한 사람, 한 사람의 피해자가 개별적으로 소송해야 하는 것이 원칙이니까요. 같은 일로 같은 피해를 본 사람들이라면 쉽게 집단으로 손해배상을 받을 수 있는 장치가 필요합니다. 지금은 극히 일부 영역에서 인정하고 있습니다. 대기업의 잘못을 꾸짖는 차원에서 일반적 경우보다 손해배상을 많이 해주는 방법이 필요할 수도 있고요. 손해배상과 관련한 문제들은 결국 돈에 관한 것들이지만, 기왕이면 세상을 더 좋게 하는 방향으로 쓰이는 돈이어야겠지요.

가족법에 '사랑'은 없다

    가족과 법은 함께 어울리기 어려운 말들처럼 보입니다. 부부 사이에, 부모와 자식이, 형제자매들끼리 법을 따지는 일은 그 자체로 어색하게 들릴 수 있습니다. 게다가 집집마다 각기 다른 문화를 가지고 있기도 합니다. 부모가 엄격하거나 관대할 수 있고, 부모 중 어느 한쪽하고만 살 수도 있습니다. 법이라면 누구에게나 공평하게 적용해야 할 텐데 제각각인 가족에게 가능한 일인지 의문이 들 수 있습니다.

    반면 그래서 오히려 통일된 기준을 마련해야 할 수 있습니다. 가족이라고 할지라도 늘 사이가 좋을 수는 없습니다. 어느 쪽이 옳은지 어쩔 수 없이 제삼자인 법원의 판단이 필요할 때가 있습니다. 또한 가족은 국가와 사회를 유지해 나가는 데 필요한 공동체입니다. 개인과 다른 별개의 대우를 하기 위해서도 가족이라는 묶음에 관해 정해 놓아야 합니다. 물론 국가가 간섭하는 일은 최소한에 그쳐야 할 것입니다.

결혼이라는 계약

지금의 민법은 남녀가 각자의 부모에게서 독립해 별개의 공동체를 이루는 혼인을 가족의 시작으로 정하고 있습니다. "18세가 된 사람은 혼인할 수 있다(제807조)"라고 쓰여 있는 만큼 딱히 다른 제한은 없는 것처럼 보이는데요. 아직은 남녀가 아닌 경우 혼인신고를 할 수 없습니다. 혼인신고가 이루어져야 국가로부터 법적인 부부로 인정받습니다. 세금이 감면되고, 집을 마련하는 데 우선권을 갖고, 수술처럼 서로에게 중요한 일이 생겼을 때 동의해 줄 수 있는 권리를 가지는 일 등입니다.

혼인신고를 하는 데 두 사람의 증인이 필요하기는 한데요. 그 외에 다른 요건이나 절차를 요구하지 않습니다. 결혼식이나 신혼여행이 꼭 있어야 하는 것도 아닙니다. 그저 두 사람이 부부로 살아가겠다는 의사가 일치하기만 하면 됩니다. 사랑하는 사이여야 한다는 조건도 없습니다. 마치 계약처럼 혼인에 따른 법적 권리와 의무를 이행하는지만 따지기 때문입니다. 그 이외는 개인의 자유입니다.

계약처럼 여기는 단계는 결혼 전부터 시작합니다. 약혼, 그러니까 혼인하겠다는 약속부터 공권력으로 보호해줍니다. 단순히 남녀가 사귀는 정도라면 설령 헤어지더라도 법이 끼어들어 잘잘못을 따지지 않습니다. 관계가 발전해 각자의 가족, 친지와 인사를 나누고 친구들에게 결혼할 사이라고 공개하는 정도라면 약혼에 이르렀다고 봅니다. 더 이상 일상생활 관계가 아닌 거예요. 만약 한쪽의 잘못으로 결혼을 못 하게 되면 재산상 피해는 물론 정신적 고통에 대해서도 손해배상을 해야 합니다.

혼인을 하면 약혼이라는 계약은 이행이 끝난 것인데요. 이제 혼인이라는 계약에 따른 권리와 의무를 알아볼까요? 민법이 정한 부부 사이의 의무는 딱 세 가지입니다. 함께 살면서(동거), 서로의 생계를 책임지고(부양), 가정에 필요한 일을 도우라고(협조) 합니다. 각자 의무인 동시에 상대방에게는 권리이기에 지키지 않으면 법원을 통해 요구할 수 있습니다.

역시 사랑이라는 단어는 빠져 있는데요. 민법이 시행된 1960년만 해도 집안 어른들끼리 정해주는 대로, 맞선으로 한두 번 만나본 다음 결혼하는 일이 흔했습니다. 서로 좋아한다는 이유로, 서로 지켜야 할 권리와 의무가 무엇인지 모른 채 혼인한다면 법적으로는 오히려 그게 이상한 일일 수 있습니다.

함께 살아가는 경제 공동체이기에 필요한 혼인의 효력도 정해 놓았습니다. 예를 들어, 아내가 쓸 물건을 남편이 마트에서 살 수 있잖아요? 따지자면 다른 사람을 위한 매매계약을 체결하고 이행하는 일입니다. 그럴 때마다 일일이 허락을 구할 필요 없이 일상생활에 필요한 일은 서로 대신할 수 있는 권리를 인정하고 있습니다. 생활비용은 공동으로 부담하라고 하고 있고요. 다만 혼인 전부터 가지고 있던 재산 혹은 혼인 중에라도 자신만을 위해 마련한 재산은 각자의 것으로 인정해 주기도 합니다. 개인의 자유와 부부라는 공동체의 책임 사이에서 균형을 잡는 것입니다.

끊을 수 없는 인연

부부였던 가족 공동체는 자녀가 생기면서 커집니다. 혹시 '호적에서 파버린다'라는 표현을 들어 본 적이 있나요? 드라마에서라면 몰라도 직접 들었다면 정말 화가 많이 났을 건데요. 부모가 더 이상 자식으로 인정하지 않겠다는 뜻이니까요. 하지만 너무 걱정하지 않아도 됩니다. 우선 '호적(호주를 중심으로 하여 그 집에 속하는 사람들의 신분 사항을 기록한 공문서)'이라는 제도가 없어졌습니다. 이름뿐만 아니라 그 내용도 다른 가족관계등록부로 바뀌었고요. 거기서 자식의 이름을 뺄 수 있는 방법도 없습니다. 물론 부모님의 화는 풀어드려야겠지요.

부모와 자식의 인연을 맺는 방법은 크게 두 가지입니다. 하나는 이성 부부 사이에서 자녀가 태어나는 것이고요. 또 하나는 입양하는 것입니다. 부부가 공동으로 입양한 자녀 역시 법적으로 친자녀와 똑같다고 못 박아 두고 있습니다(제908조의3 제1항). 다만 학대나 유기, 패륜이 벌어진 경우라면 입양을 끝낼 수 있습니다. 그런 경우라면 친자녀라고 할지라도 친권을 상실할 수 있습니다. 효과는 마찬가지입니다.

부모가 자식에 대하여 가지는 권리를 **친권**이라고 합니다. 그런 걸 법으로 정해 놓기까지 했다니 새삼스러울 수 있습니다. 어렸을 때 친지들로부터 용돈을 받으면 어머니가 맡아 놓겠다며 가져가셨던 경험이 있을 거예요. 법이 어머니에게 인정하는 권리랍니다. 비밀 한 가지를 살짝 밝히자면, 주는 사람이 부모에게 맡길 필요 없다고 하면 어머니에게 드리지 않아도 되는데요. 그렇다고 해도, 안타깝게도 여전히 돈을 마음대로 쓸 수는 없습니다. 부모 아닌 다른 관리인을 찾아야 합니다.

조금 더 내용을 살펴봅시다. 청소년은 단독으로 계약처럼 법적 효력이 따르는 행위를 할 수 없다고 했습니다. 일반적으로는 친권자인 부모님이 법정대리인으로 대신합니다. 기본적으로 자녀를 보호하고 교양할 권리 · 의무가 있고요. 자식이 어디서 살아야 할지 정할 수 있습니다. 앞서 본 것처럼 자녀의 재산도 관리합니다. 친권은 원칙적으로 아버지, 어머니가 공동으로 행사합니다. 지금은 없어졌지만, 과거에는 자녀를 징계할 수 있는 권리까지 법으로 보장하기도 했습니다.

자녀 입장에서는 간섭처럼 느껴질 수 있는 일들을 법이 보장한다니 찜찜할 수 있는데요. 그럴 필요 없습니다. 생각해보세요. 말이 권리이지, 사실 의무입니다. 지켜주고 가르쳐서, 몸과 마음이 자랄 수 있도록 하는 겁니다. 사는 곳을 정할 수 있다고 하는데 살 집을 마련하는 것이 얼마나 힘든지는 여러분도 아실 거예요. 아주 드물지만, 아이돌처럼 큰돈을 버는 청소년이 있는데요. 부모가 함부로 그 돈을 썼다가는 법원이 친권을 상실시키거나 일정 기간 정지시켜 버립니다. 후견인을 선임해 부모를 대신하도록 하지요.

딱히 권리라는 생각이 안 들 텐데요. 이와 같은 부모의 권리 혹은 의무는 언제까지일까요? 자녀가 19살에 이르러 성년이 되면 끝납니다. 더 이상 부모에게 권리는 물론 의무도 없습니다. 자녀 역시 어른인 만큼 독립한 주체로 보는 것이 법입니다. 굳이 따지자면 19세에 이르더라도 부양의무는 남을 수 있습니다. 다만 미성년일 때와 그 정도가 매우 다릅니다. 어디까지나 부모가 우선이고, 여유 있는 만큼만 자녀를 도우면 됩니다. 부모 밥상에 소고기가 있더라도, 자녀에게 공깃밥만 줘도 그만입니다. 19세가 넘어도 부모 집에서 먹고, 자고, 혹은 대학 등록금을 받는 일은 법적으로 아무런 근거가 없습니다.

부부는 헤어져도 부모는 남는다

성년인 남녀가 자유로운 의사로 혼인하는 만큼 헤어질수도 있습니다. 이혼하기로 합의하면 가정법원에서 확인절차만 거치면 됩니다. 어느 한쪽이 원하지 않는다면 소송을 해야 하는데요. 부부로서의 의무를 이행하지 않거나다른 이성에게 눈을 돌리는 일처럼 법에 정해 놓은 잘못을 저질렀다면 판결로 이혼하도록 합니다. 드물게는 처음부터 잘못된 결혼이었다는 이유로 혼인 관계를 무효 · 취소로 돌리기도 합니다.

다만 이혼하더라도 자녀와의 관계에서는 여전히 부모일 수밖에 없습니다. 미성년인 자녀를 돌봐야 할 책임은그대로입니다. 친권은 권리라기보다 의무라고 했잖아요?부모가 헤어지는 일은 자녀에게 크나큰 충격입니다. 최대한 몸과 마음의 상처를 줄이고 자녀의 생활이 온전하게지켜질 수 있는 방법을 찾는 일이 최우선입니다.

우선 부모 중 누구와 함께 살 것인지를 정합니다. 역시합의할 수도 있고 재판을 거쳐야 할 수도 있는데요. 가정법원은 곧이곧대로 법만 따지지 않습니다. 경제적 능력은물론 자녀에게 맞게 돌봐줄 수 있는 환경을 갖췄는지 두

루 검토합니다. 자녀의 의견을 듣는 일도 빼놓을 수 없는데요. 가족 문제 전문가인 면접 조사관이 자녀의 상황을 면밀히 살펴봅니다. 필요하면 심리상담도 지원합니다. 부모와도 인터뷰하고 어느 쪽이 더 나은 양육환경을 갖췄는지 판단합니다.

　부모 중 함께 사는 쪽이 양육권을 갖는다고 합니다. 보통은 친권과 양육권을 같이 행사할 수 있도록 합니다. 떨어져 있는 쪽과 매번 연락하는 일이 힘들 수 있으니까요. 학교를 옮기거나 병원에서 큰 치료를 받을 때는 친권자에게 결정권이 있습니다. 양육권을 갖지 못하는 쪽은 자녀가 성년에 이를 때까지 양육비를 지급해야 합니다. 함께 살든 따로 살든 부모의 의무는 끊어지지 않는 것입니다.

　양육권이 없는 부모에게는 대신 면접교섭권을 보장해줍니다. 부모 자식 사이라고 할지라도 정기적으로 만나지 못하면 마음마저 멀어지기 쉬우니까요. 자녀에게도 큰 의미가 있습니다. 두 사람으로부터 받던 애정과 관심을 가능한 한 유지해 주려는 것입니다. 갑작스러운 변화로부터 정서적으로 흔들리지 않도록 돕는 장치이기도 한 셈이지요. 중요한 일인 만큼 가정법원은 원활하게 만날 수 있도록 '면접교섭센터'를 만들어 장소를 제공하기도 합니다.

법만 따지지 않는 거예요. 부모의 이혼은 자녀에게는 큰 충격입니다. 갑작스러운 변화로 힘들 수밖에 없습니다. 슬프고 화날 수 있습니다. 적응하는 데 생각보다 긴 시간이 걸릴 수도 있습니다. 그런 시간을 조금이라도 가볍게 하기 위한 법과 제도를 마련해 놓고 있습니다. 부모의 의무는 상대인 자녀에게 권리입니다. 이행하지 않는다면 법원을 통해 청구할 수도 있고요. 경우에 따라 양육자를 바꿔 달라고까지 할 수 있습니다. 자녀의 복리가 최우선이기 때문입니다. 법이 돕겠다는데 혼자 감당할 이유가 없습니다.

가족을 지키기 위한 장치

법은 남녀의 혼인을 가족의 시작으로 본다고 했는데요. 가족에 관한 사회의 인식이 빠르게 변하고 있습니다. 일정한 나이에 다다르면 결혼하고 아이를 가지는 것을 과거처럼 당연하게 여기지 않습니다. 혼인에 이르는 나이도 다양하고요. 비혼非婚을 선택하는 사람들도 많습니다. 혼인신고만 하지 않았을 뿐 부부처럼 지내기도 하고요. 성소수자들끼리의 결합도 있습니다.

이에 맞춰 법도 달라져야 하는데요. 법률혼이 아니더라도 공동체를 이루고 있다면 주택 마련이나 건강 보험 같은 분야에서 국가의 지원이 필요할 수 있습니다. 혼인하지 않고 아이를 원하는 사람도 있고요. 오랫동안 함께하는 사이인데도 성 소수자라는 이유로 병원에서 보호자로 인정받지 못하는 일은 불합리할 수 있습니다. 다만 가정마다 다양한 문화가 있는 것처럼 가정을 바라보는 시선도 제각각이어서인지 바꾸기가 쉽지 않습니다. 사회적 관심과 합의가 필요한 문제입니다.

그래도 기존 관념과 크게 다르지 않은 범위에서는 가족을 보호하기 위한 법과 제도가 만들어져 오고 있기는 합니다. 대표적으로 '가정폭력 방지 및 피해자보호 등에 관한 법률'을 들 수 있습니다. 힘든 하루를 보내고 지친 몸을 쉴 수 있는 공간이 집이겠지요. 함께해주는 가족 덕분에 더욱 따뜻해집니다. 그런 가정이 폭력으로 얼룩지면 갈 곳이 없습니다.

그런 일을 막기 위해 특별법을 만들었습니다. 가정 내에서 벌어지는 일이지만 예외적으로 국가가 개입하도록 한 것이고요. 형법과 달리 가해자를 처벌하는 일만을 목적으로 두지 않습니다. 가능하면 잘못을 깨닫고 가정을 회복할 수 있도록 합니다. 상대방인 피해자를 보호하기 위한 지원책 역시 중요하겠지요. 몸을 피할 임시보호소와 상담, 법률 지원을 제공합니다. 학생이라면 공부를 계속할 수 있도록 돕습니다.

이런 법의 취지를 살리기 위해서는 주변의 관심도 필수입니다. 가정 내에서 벌어지는 일인 만큼 피해자들이 먼저 나서서 법에 호소하기 어려울 수 있거든요. 혹시라도 아픔을 겪고 있는 친구들이 주변에 있는지 살펴보면 좋겠습니다. 도움받을 수 있는 길이 있다는 사실을 알려주고, 대신 수사기관에 호소해줄 수도 있습니다. 비슷한 취지에서 18세 미만인 '아동'을 대상으로 한 '아동복지법'도 시행하고 있습니다.

가족의 모습이 달라지는 대표적인 사례가 한부모 가정인데요. 부부가 헤어지거나 여러 가지 이유로 해서 부모 중 한쪽과 자녀가 이루는 가정이 많습니다. 상대적으로 경제적 어려움을 겪기 쉽고요. 주변의 삐뚤어진 시선이나 관심 소홀로 상처를 받을 수도 있습니다. 부모님 두 분이 모두 있는 걸 전제로 수업이나 과제를 진행하면 누군가에게는 힘겨운 시간일 수밖에 없습니다. 정부는 한부모 가정이 살 곳을 마련하고 자녀를 키우는 데 필요한 여러 가지 지원과 상담을 제공합니다.

　다양한 가정의 형태가 나타나는 데는 여러 가지 이유가 있겠지요. 남녀의 역할과 지위에 관한 인식이 달라졌고요. 의학의 발달로 수명이 늘어나면서 생기는 일들도 있습니다. 필요한 일들이 많을 겁니다. 안타깝게도 우리나라는 세계에서 가장 빨리 인구가 줄어들고 있는 나라라고 하는데요. 시대에 맞도록 법과 제도를 정비하는 일도 그에 따른 문제들을 극복하는 데 도움이 되지 않을까요?

밥상 차려줘야 먹는 판사

민사소송은 형사소송과 무엇이 다를까요? 우선 소송당사자를 부르는 용어부터 다릅니다. 형사에서 재판의 대상은 사람 그 자체입니다. 법정에 꼭 있어야 합니다. '피고인'이라고 해서 사람이라는 사실을 강조합니다. 형사재판은 벌을 줄지 말지, 준다면 얼마나 무겁게 할지 정하는 일입니다. 처음부터 끝까지 엄숙하게 이뤄질 수밖에 없겠지요. 도움을 주는 변호사도 '변호인'이라고 칭합니다.

반면 민사에서는 권리가 있다고 주장하는 쪽이 '원고', 반대쪽이 '피고'입니다. 당사자 사이에 그런 권리와 의무가 있는지가 재판의 대상입니다. 원고는 빌려준 돈을 받아야겠다고 한다든가, 약속한 물건을 인도해 달라고 한다

민사법정

든가, 혹은 피해를 보았으니 손해배상을 해달라고 합니다. 피고는 그런 일이 없다고 하거나 이미 지급했다는 식으로 맞서지요.

민사소송의 변호사는 '대리인'이라고 부릅니다. 원래의 당사자들을 대신해 싸우기에 원고와 피고는 법정에 나오지 않을 수도 있습니다. 물론 당사자와 대리인이 함께 나오거나 대리인 없이 당사자가 직접 소송할 수도 있습니다.

형사에서는 검사와 피고인이 맞섭니다. 법적으로야 수평적인 관계라고 하지만 죄를 지었다는 의심을 받는 피고인으로서는 위축되기 쉽습니다. 민사에서는 원고와 피고가 실질적으로 대등한 위치입니다. 법정의 자리 배치부터 다릅니다. 형사에서는 검사와 피고인이 마주 본다고 했습니다. 민사에서는 원고와 피고가 판사를 향해 나란히 앉습니다. 자신에게 권리가 있다고, 또는 자신에게는 그럴 의무가 없다고 판사에게 목소리를 높입니다. 형사 법정과 달리 방청석과 재판이 이뤄지는 곳 사이에 칸막이가 있는 것도 아닙니다.

원고의 선제공격

민사소송에서는 일상생활에서 일어나는 다양한 갈등들이 펼쳐집니다. 나쁜 마음으로 범죄를 저지르지 않더라도 누구든지 휘말릴 수 있습니다. 큰 회사들끼리 체결하는 복잡한 계약에서만 문제가 생기지는 않습니다. 소송의 대상이 3천만 원 이하일 때를 '소액소송'이라고 하는데요. 오히려 수적으로는 가장 많습니다. 비용을 들여 변호사를 선임하기가 어중간한 사건들인데요. 다만 민사소송에 관해 어느 정도 알면 직접 해결할 수 있습니다. 전자소송으로 치러지기에 법원 사이트에서 기본적인 양식을 제공하고 있거든요.

A가 친구 B에게 1백만 원을 빌려줬는데 B가 갚지 않고 있다고 가정합시다. 법원에 소송을 제기해야 하는 상황을 통해 민사소송 절차를 알아볼까요? 법률용어로는 A와 B

가 금전소비대차계약金錢消費貸借契約을 체결했던 것입니다. 일정 금액을 빌려 쓰고 정해 놓은 시기에 같은 금액, 이자를 되돌려 주기로 약속했다는 뜻입니다. 앞서 약속은 서로 어떤 내용으로 하는지 정확해야 한다고 했는데요. 그렇지 않으면 그냥 주는 것인지, 언제 갚아야 하는지, 대가(이자)는 있는지 모호해서 해결책을 찾기 어렵습니다.

계약이 명확하다면 가장 먼저 증거를 모아야 합니다. 가능한 한 약속은 문서로 정리해야 한다고 했습니다. 계약을 체결하는 방법에 제한은 없지만, 그 사실을 증명하려면 필요하다고 했습니다. 차용증, 계약서 같은 서류가 있으면 가장 좋을 텐데요. 친구 사이라는 이유로 작성하기 불편할 수 있습니다. 그럴 때는 문자나 메신저, 이메일로 "빌려 갔던 돈 얼마, 연말까지는 갚을 수 있지?"라며 가볍게 묻는 정도는 어렵지 않겠지요. 거기에 친구가 답을 했다면 차용증을 대신하는 증거가 될 수 있습니다. 거기에 계좌이체 내역, 주변 사람의 증언 등을 더합니다.

증거 준비가 끝나면 소장을 작성합니다. 온라인으로 진행할 수 있다고 했는데요. 원고, 피고의 인적 사항을 비롯해 어느 법원에서 재판할지 관할법원을 지정하는 등 기본적인 정보를 입력합니다. 중요한 내용은 '청구취지'와 '청구원인'입니다. 청구취지는 원고인 A가 법원에 바라는 결과입니다. 구구절절하게 쓰는 게 아니라 'B는 A에게 1백만 원을 지급하라'라는 식으로 딱 결론만 밝힙니다. 수많은 형태의 갈등이 있는 만큼 청구취지를 어떻게 써야 할지 막막할 수 있는데요. 그럴 필요 없습니다. 계약이나 불법행위에 따른 손해는 금전배상이 원칙이라고 했습니다. 법원을 통해 요구하는 결론 역시 얼마를 달라는 것이 대부분입니다. 그밖에는 매매계약을 이행하지 않은 경우처럼 대금을 치렀는데 아직 물건을 넘겨주지 않으면 강제로 가져올 수 있게 해달라는 정도입니다. 법원 사이트에 있는 예시 중에서 맞는 걸 골라 내용을 수정하면 충분합니다.

왜 B가 A에게 그 돈을 지급해야 하는지에 관한 구체적인 내용은 청구원인으로 작성합니다. 이때도 판사가 판단을 내리는 데 필요한 요건이 뭔지를 생각해야 합니다. B가 돈을 갚지 않는 바람에 친구 사이가 틀어졌다는 식의 장황한 하소연은 도움이 되지 않습니다. 얼마를 빌려줬고, 언제까지 어떻게 갚기로 했다는 구체적인 사실에 초점을 맞춥니다. 뭉뚱그려 설명하지 않고 약속의 내용, 그에 따라 돈을 이체한 내역, 독촉하며 문자를 보냈던 일 등을 정확하게 정리합니다. 물론 그걸 입증할 수 있는 각각의 증거들이 있어야 합니다.

A가 그렇게 작성한 소장을 제출하면 법원은 양식에 맞는지를 검토한 다음 B에게 소장부본(복사본)을 보내는데요. 이를 송달이라고 합니다. A가 B에게 직접 보내는 게 아닙니다. 법원은 송달하면서 A의 주장에 대해 어떻게 받아들일지 답변서를 내라고 B에게 요구합니다. 민사소송에서는 B가 30일 이내에 답변하지 않으면 원고인 A의 주장이 사실인 걸로 인정해 버립니다.

피고의 대응과 재판

소장부본을 받아 든 B에게는 여러 가지 가능성이 있습니다. 돈을 빌린 사실이 없다고 A의 주장을 부인할 수 있습니다. 또는, 급한 사정이 있어 빌려 달라고 요청한 건 사실이지만 문제가 해결된 덕분에 실제로 빌리지 않았다고 할 수 있습니다. 아니면, 이미 갚았다고 할 수도 있습니다. 혹은 돈 대신에, 사용하던 중고 가격 1백만 원 이상의 노트북을 줬다고 할 수도 있습니다.

B의 답변서까지 도착하면 법원은 재판 날짜를 정해 원고와 피고에게 알려 줍니다. 법정에서 재판이 열리는 날

을 **변론기일**이라고 합니다. 소장과 답변서를 주고받고 나서도 한 달 이상 여유를 두고 날짜를 잡는데요. 그 사이 B의 답변서를 받아 본 A가 다시 반박하는 '준비서면'을 제출할 수 있습니다. B 역시 A의 준비서면에 다시 준비서면으로 맞설 수 있고요.

법정에서 만나기 전부터 치열하게 공격과 방어를 주고받는 것인데요. 그 과정에서 당사자들은 물론 판사도 무엇을 두고 다투는지 미리 파악할 수 있습니다. 복잡한 거래에서 생긴 문제라면 관련된 주장과 증거가 그만큼 많을 수밖에 없습니다. 사전 정보 없이 법정에서 모든 과정을 시작하면 재판이 한없이 늘어질 수 있습니다.

첫 번째 변론기일에 당사자들은 비로소 사건을 담당하는 판사를 만나게 됩니다. 방청석에서 기다리는 동안 자연스레 다른 사건을 진행하는 모습을 먼저 보게 되는데요. 판사마다 재판을 이끌고 가는 스타일이 제각각입니다. 양쪽이 제출한 서면을 읽고 궁금한 점들을 꼬치꼬치 캐묻는 판사가 있고요. 말없이 양쪽 당사자의 주장에 귀를 기울이기도 합니다. 법정은 판사의 안방이나 마찬가지거든요.

그렇더라도 재판의 주인공은 여전히 원고와 피고입니

다. 무엇보다 재판을 시작하고 끝낼 수 있는 권리가 당사자들에게 있습니다. 심각한 갈등을 겪고 있는 사람들이 보인다고 판사가 끼어들어 문제를 해결해주겠다고 나설 수 없습니다. 재판을 시작한 다음 결론이 나기 전이라도 원고와 피고가 그만두겠다고 하면 끝입니다. 빌려준 돈이 1천만 원이더라도 원고가 1백만 원을 달라고 요구하면 판사는 1백만 원에 대해서만 재판할 수 있습니다. **처분권주의**라고 합니다.

1백만 원에 관해 다투는 과정에서도 실제 돈을 빌려주거나 갚았는지와 같은 주요 사실에 관해서는 당사자들의 주장만 들어야 합니다. 그걸 뒷받침하는 증거도 원고, 피고가 제출한 것들만 검토합니다. 우연히 판사가 그 사건에 관해 잘 알고 있더라도 아는 체하면 안 됩니다. 원고나 피고가 꼭 필요한 한마디 말을 안 하고 있더라도 입을 꾹 다물어야 합니다. 계약을 자유롭게 체결할 수 있는 것처럼 그로 인해 생긴 갈등을 해결하는 일 역시 함부로 국가가 끼어들지 못하도록 한 것입니다. **변론주의**라고 합니다.

그런 생각이 들 수 있습니다. 변호사를 선임하기 어려운 소액배상 사건이 많다면 판사가 더 적극적으로 나서주면 좋지 않겠느냐고요. 차려진 밥상에서 먹기만 하지 말

민사재판

고 손수 요리를 해주기를 바라는 겁니다. 아무리 법원 사이트에 예시를 잘 올려놓아도 한계가 있을 수밖에 없으니까요. 실제로 소액소송이 이뤄지는 법정에서는 판사와 당사자들끼리 얘기가 통하지 않아 언성을 높이는 경우를 종종 볼 수 있습니다. 당사자는 장황하게 자신의 사정을 늘어놓는데, 판사 입장에서 볼 때는 정작 재판과 상관없는 말들이 이어지는 거예요.

법원이 제삼자의 입장을 취하는 이유가 있습니다. 원고의 사정이 딱해 보인다고 도움을 주는 일은 피고에게는 불공정합니다. 알고 보면 원고의 '연기'가 뛰어났을 뿐 진짜 곤란한 사람은 피고일 수 있습니다. 형사소송에서와 마찬가지로 신이 아닌 한 어떤 사람도 모든 진실을 알 수는 없으니까요. 섣불리 나섰다가 오히려 심각한 잘못을 저지를 수도 있습니다.

판사가 보기에 그렇다면 그런 것

소송을 하는 당사자로서 변론주의는 당혹스러울 수 있습니다. 어떤 일이 있었는지 퍼즐을 맞춰 보여줘야 하는데, 막상 중요한 조각들이 없는 상황이 벌어집니다. 텅 빈 공간에 원고는 코끼리가 있었다고, 피고는 강아지가 있었다고 맞서는 셈이에요. 원하는 사실을 정확하게, 증거를 남겨 밝혀야 한다고 거듭 강조하는 이유가 그래서입니다. 일이 잘 안 풀리면 서로를 탓하며 갈등이 생기기 마련이고요. 나중에 재판을 통해서도 문제를 해결하기 쉽지 않습니다.

잃어버린 조각들 혹은 주변의 다른 조각들이라도 찾아야 할 텐데요. 형사소송에서는 수사 전문가인 경찰이 나서서 증거를 수집합니다. 반면 민사소송에서는 당사자가 주장, 증거를 정리해 제출해야 합니다. 변호사의 도움을 받을 수 있으리라 기대하는 경우가 많은데요. 그렇지 않습니다. 법률 전문가인 변호사는 어떤 증거들이 필요하다는 조언을 하는 데 그칩니다. 영화·드라마에서와 달리 사무실에서만 일합니다. 현장을 찾아다니지 않습니다.

그러다 보니 주변 정황들을 끌어모아 각자 유리한 쪽으로 주장하는 경우가 많습니다. 형사소송에서처럼 법에 정한 절차에 따라 엄격하게 모은 증거들만 나오지 않습니다. 각자 진실이라며 온갖 서류와 증인을 법정에 세웁니다. 그나마 평소 하던 일을 하는 가운데 만들어진 서류, 갈등이 생기기 전에 주고받은 메시지, 그 내용을 확인했다며 서명, 날인한 문서 같은 것들은 문제가 없겠지요.

'진짜 증거'는 없는데 전혀 다른 기억을 가진 사람들이 원고, 피고의 증인으로 나서 다투기라도 하면 법정은 혼돈에 휩싸입니다. 아무리 혼란스러워도 판사는 어떻게든 재판을 끝내고 결론을 내려야 하고요. 어떤 것을 채택하느냐, 그걸 통해 어떤 사실을 증명하느냐는 순전히 판사 마음에 달려 있습니다. 진실과는 거리가 먼 증거일지라도 판사가 보기에 그럴듯하면 그만입니다. 상대방이 다른 증거로 반박하지 못하면 끝입니다.

물론 법에는 판사의 판단이 '경험칙'과 '논리'에 맞아야 한다고 정해 놓고 있기는 합니다. 하지만 판사마다 살면서 겪은 일과 그걸 바탕으로 한 생각은 다를 수밖에 없잖아요? 사람이니 완벽할 수도 없고요. 그런 판사의 판결에 인생 자체가 달라질 수도 있습니다. 큰돈이 걸릴 수 있고요. 이혼, 상속과 관련한 신분이 달라질 수 있습니다. 아무래도 '법률 서비스'라는 측면에서 법원이 더 적극적으로 나서는 방법이 필요해 보이기는 합니다.

어떻게 해야 처분권주의, 변론주의 원칙을 깨지 않으면서 진실을 찾을 수 있을까요? 지금도 소송구조처럼 어려운 사람을 돕는 제도가 있기는 합니다. 변호사 선임료, 송달료처럼 필요한 비용을 법원의 결정으로 면제해 주는 건데요. 단, 경제적 도움을 주는 데 그치고, 혜택을 입을 수 있는 사람도 극히 적습니다.

판사의 숫자를 획기적으로 늘리는 것도 방법일 수 있습니다. 법에 서툰 사람이 직접 민사소송에 나서더라도, 할 수 있는 얘기라도 충분히 들어주고 고민할 수 있도록 말입니다. 지금은 판사들이 업무에 쫓겨서 그런 여유를 가지기 어렵거든요. 필요해 보이는 주장, 증거가 제때 나오지 않으면 그대로 재판을 끝내기도 합니다. 변호사를 선임하지 못하면 불이익을 당하기 쉽지요.

그렇게 민사 판결이 나왔는데 당사자가 따르지 않으면 법원은 강제집행을 허락합니다. 법률관계와 일상생활의 결정적인 차이는 '공권력이 개입할 수 있느냐'입니다. 재판에 이긴 원고는 피고의 은행 계좌에서 돈을 인출할 수 있습니다. 집행관이 피고 집에 찾아와 살림살이를 가져가기도 합니다. 피고는 살고 있는 집에서 쫓겨날 수도 있습니다. 경매를 통해 죄다 처분한 다음, 원고에게 대금을 지급하는 겁니다. 행여라도 잘못된 재판이라면 얼마나 억울하겠어요.

'법대로'는 법치주의가 아니다

"악법도 법이다."

사형선고를 받은 그리스의 철학자 소크라테스가 이런 말을 남겼다는 이야기를 들어 봤을 거예요. 억울하더라도 법을 지켜야 한다면서 죽었다고 말입니다. 의견이 분분하지만 사실이 아니라는 쪽에 더 무게가 실립니다. 지금처럼 음성 녹음, 동영상이 있는 시절이 아니었던 만큼 정확히 확인할 길은 없습니다. 다만 재판에 관해 남아 있는 여러 가지 기록들에 비추어 어떤 일이 있었는지 추측해 볼 수 있습니다.

소크라테스는 당시 사회 지도층의 잘못을 꼬집는 언행

으로 유명했습니다. 권력자들이 가르치는 대로 따르지 않고 토론으로 옳고 그름을 따졌지요. 그런 그를 좋아하는 사람도 많았지만, 그만큼 미워하는 사람도 많았습니다. 결국 젊은이들을 타락시킨다는 혐의로 재판에 넘겨졌습니다.

재판에서도 소크라테스는 주눅 들지 않았습니다. 깐깐하게 진리를 찾는 그의 철학을 포기하면 풀어주겠다고 했지만 거절했습니다. 설령 유죄이더라도 벌금형 정도에 그칠 방법이 있었는데요. 변명조차 하지 않았습니다. 오히려 살려주겠다며 꼬드기는 배심원들을 꾸짖었습니다. 자신이 아니라 재판을 하는 사람들이 잘못됐다고 지적했습니다. 그래서 죽임을 당했습니다.

그런 상황이었다면 아무래도 악법도 법이라고 하지는 않았겠지요? 왜 그가 그런 말을 했다는 이야기가 나왔을까요? 이상합니다. 일부 기록에는 헷갈릴 수 있는 내용이 적혀 있기는 한데요. 그걸 근거로 소크라테스의 말이라고 고집했던 사람들이 있었던 겁니다. 심지어 우리나라에서는 한동안 교과서에까지 실려 있었습니다. 2002년 국가인권위원회가, 2004년 헌법재판소가, 교과서에서 빼는 편이 낫겠다고 권고할 때까지요. 지금도 그 말이 사실인

1787년 자크 루이 다비드 작 '소크라테스의 죽음'

것처럼 인용하는 일이 종종 있습니다.

왜 그럴까요? 소크라테스는 기원전 399년에 죽었습니다. 사실이 뭐가 됐든, 아주 오래전 외국 철학자의 말 한마디가 뭐가 그렇게 중요할까요? 솔직히 소크라테스의 책을 한 줄이라도 읽어본 사람은 많지 않겠지만, 그의 이름을 모르는 사람은 거의 없을 겁니다. 인류 역사상 가장 유명한 스승 중 한 사람입니다. 그런 그의 이름과 권위를 빌려 잘못된 법이라도 따라야 한다고 사람들을 속이려는 것은 아닐까요? 소크라테스가 무덤에서 화를 내며 벌떡 일어날 일입니다.

법에 의한 지배

법 역시도 비슷한 면이 있습니다. 법에 관해 잘 알지 못하더라도 어쨌든 지켜야 하는 무엇인가로 여기기 마련입니다. 어렸을 때 부모님으로부터 제일 먼저 배우는 것 중 하나가 횡단보도에서 빨간 신호에 길 건너지 말라는 거잖아요. 바로 법을 따르라는 것입니다. 가뜩이나 그런 권위를 지닌 것이 법이잖아요. 소크라테스까지 들먹이면 묻지도 따지지도 말라고 몰아갈 수 있습니다. 무조건 '법대로' 하라고 말입니다.

정말 그래야 할까요? 우리나라는 **법치주의** 국가입니다. 국가가 어떤 일을 하려면 법에 따라 해야 한다는 뜻입니다. 헷갈리면 안 되는 게, '국민'이 아니라 '국가'를 주어로 삼습니다. 현대 민주주의 국가는 대의제로 운영하고 있습니다. 국민을 대표해 나라에 필요한 일을 하는 사람들이 따로 있습니다. 입법, 행정, 사법을 통틀어 큰 뜻의 정부를 구성합니다.

법치주의는 그런 정부가 국민을 상대로 할 때 자기들 마음대로 하지 말라는 것입니다. 반드시 법에 근거를 두라는 것입니다. 국민이 맡긴 권력을 함부로 휘두르지 못하게 한 것이 법치주의입니다. 국민에게 법이니까 무조건 따르라고 하는 것이 결코 아닙니다.

예전엔 많은 국가에서 왕이 절대적인 권한을 가지고 있었습니다. 온 나라 재산은 물론 국민까지도 사실상 왕의 소유나 마찬가지였지요. 주변 눈치를 아예 안 볼 수야 없었겠지만 웬만한 일은 자기 뜻대로 했습니다. 법이 있으면 법을 고쳐서라도 관철했습니다. 사극을 떠올려 보세요. 왕에게 미운털이 박혔다는 이유만으로 신하가 강제로 끌려 나가는 장면을 본 기억이 있을 겁니다.

법치주의는 그런 권력에 제동을 거는 일입니다. 그래서 국민이 주인이라는 민주주의와 짝을 이룹니다. 어떤 권력을 가진 사람이라도 법 위에 있을 수는 없습니다. 헌법 제11조 제1항은 "모든 국민은 법 앞에 평등하다"라고 선언하고 있습니다. "모든 국민"에 예외란 있을 수 없습니다. 권력을 가졌다 할지라도 마찬가지입니다. 법에 적힌 범죄라도 저지르지 않는 한 누구에게 미움을 샀다는 이유만으로 불이익을 받는 일은 용납될 수 없습니다. 국민의 자유와 권리를 지켜주는 장치입니다.

물론 법치주의가 그렇게 소극적인 역할에 그치는 것은 아닙니다. 학교 주변에서 일어난 교통사고로 어린이들이 생명을 잃고 몸을 다치는 일이 종종 벌어졌습니다. 국민의 생명과 신체를 보호하는 일은 국가의 기본적인 의무지요. 헌법 제10조에서 개인의 인권을 확인하고 보장하라고 명령하고 있기도 합니다. 어린이보호구역을 지정해 교통 체계를 정비하고, 일정 속도 이상으로 자동차가 달리지 못하도록 단속 장치를 설치했습니다. 누군가의 지시가 아니라 국민의 대표인 국회에서 만든 법에 따라 했습니다. 이처럼 도로를 만들거나 학교를 짓는 일처럼 적극적인 조치를 할 때도 국가는 반드시 법에 의해 일해야 하는 것이 법치주의입니다.

법을 만드는 법

국가가 하는 일은 뭐든 법에 따라 해야 하는 것이 법치주의인 까닭에, 관련된 법은 미리 있어야 합니다. 뒤집어 말하자면 법을 살펴보면 대한민국의 현재와 미래를 알 수 있습니다. 반도체 회사의 세금을 깎아 주는 법률이 있으면 IT 산업을 지원하겠다는 것이겠지요. 아이를 낳으면 지원금을 주겠다는 법률은 출산을 장려하는 것입니다. 국민들 입장에서는 법이 생활계획표이고, 지도이고, 교통신호인 셈입니다.

법이 국민 생활에 끼치는 영향이 큰 만큼 헷갈리지 않도록 명확하게 만들어야 합니다. 갑작스레 새로운 법을 들이밀지 말고 미리 알려줘야 합니다. 실생활에 적용할 때까지 시간을 주고 준비할 수 있도록 하는 겁니다. 그래야 국민들이 안정적으로 개인의 삶을 설계할 수 있습니다. 없던 법을 갑자기 만들어 예전에 있었던 사건에 적용하는 일은 절대 안 됩니다.

법치주의는 권력분립의 원칙과 뗄 수 없는 관계입니다. 커다란 뜻의 정부는 입법부, 행정부, 사법부로 다시 나눌 수 있는데요. 국민의 삶과 관련한 구체적인 일은 행정부가 하는데 정작 그에 필요한 법은 입법부에서 만들도록 한 것입니다. 대통령이 어떤 정책을 펼치고 싶더라도 국회가 뒷받침해주지 않으면 못 하는 겁니다.

비효율적이라고 생각할 수 있는데요. 어느 한쪽이 마음대로 나라를 움직일 수 없도록 견제와 균형을 이뤄 놓은 것입니다. 한 사람의 왕이 절대권력을 갖는 것과 달리 말이지요. 그런 이유에서 행정부의 어느 부서가 하고 싶은 대로 하라는 식으로 국회가 법을 만들어주면 안 됩니다.

직접 법을 만드는 국회 안에서도 권력은 나뉘어 있습니

다. 이런저런 정당들이 국회에서 서로 싸운다는 뉴스를 들어 봤을 거예요. 비슷한 생각을 가진 사람들끼리 모여서 만드는 것이 정당인데요. 정당이 여러 개 있으면 다른 생각들이 여럿 있는 것입니다. 다툼이 있을 수밖에 없겠지요. 자유롭게 정당을 설립할 수 있도록 하면서, 복수정당제를 보장하도록 헌법이 정하고 있기 때문입니다(제8조 제1항). 마찬가지로 비효율적이지만 독주는 불가능하겠지요.

법을 만들 때도 법이 정한 절차에 따라야 합니다. 국회 역시 헌법과 국회법을 지키도록 하고 있습니다. 여러 의견이 엇갈릴 때 일상생활에서도 과반수로 정하는 게 일반적이지요. 가장 분명한 원칙인데도 그저 상식에 맡겨두지 않았습니다. 헌법에 "국회는 특별한 규정이 없는 한 재적의원 과반수의 출석과 출석의원 과반수의 찬성으로 의결한다"라고 명문으로 정해 놓았습니다(제49조). 그런 원칙들을 어기면요? 사법부가 잘잘못을 따져 책임을 묻는 겁니다.

악법은 법이 아니다

법치주의는 법에 따라 나라를 다스리는 것입니다. 그런데 말이에요. 그 법은 어떤 법이어야 할까요? 법이라는 형식만 취하고 있으면 여전히 법일까요? 정해 놓은 절차에 맞게 국회에서 다수결로 만들면 법일까요? 진짜 법치주의는 법의 내용이 중요합니다. 어떤 내용이어야 하는지는 헌법을 보면 알 수 있습니다. 대한민국을 이루는 모든 법 중최고 법이니까요. 그런 헌법의 맨 앞에 나오는 '전문前文' 일부를 보겠습니다.

> "자율과 조화를 바탕으로 자유민주적 기본질서를 더욱 확고히 하여 정치 · 경제 · 사회 · 문화의 모든 영역에 있어서 각인의 기회를 균등히 하고, 능력을 최고도로 발휘하게 하며, 자유와 권리에 따르는 책임과 의무를 완수하게 하여, 안으로는 국민생활의 균등한 향상을 기하고 밖으로는 항구적인 세계평화와 인류공영에 이바지함으로써"

민주주의를 지키며 자유와 평등을 보장하고, 국민이 함께 잘 살 수 있는 나라를 만들겠다는 것으로 시작하고 있습니다. 대한민국의 모든 법은 그와 같은 목적을 위해 만들어진 것입니다. 어떤 목적을 달성하려면 구체적으로 여러 장치와 단계가 필요하잖아요. 국민들이 안심하고 행복한 삶을 살 수 있도록, 법에 따라 만들어진 국가기관을 법에 따라 운영하는 일이 바로 진짜 법치주의입니다.

악법도 법이라고 해버리면 그런 목적을 잃어버릴 수 있습니다. 이런 법을 만들면 어떨까요? 교사의 권위가 떨어지는 바람에 학생들에 대한 통제가 되지 않는다고 누군가 목소리를 높입니다. 여론이 호응하면서 국회에서 학교를 군대처럼 운영하자는 법을 만드는 겁니다. 선생님의 명령에 절대복종하고, 듣지 않으면 학교 내 감방에 가둘 수 있다는 식으로요.

황당하겠지요? 역사에는 훨씬 심각한 법이 등장했던 적이 있습니다. 홀로코스트에 대해 들어봤을 거예요. 나치가 장악했던 독일에서 무려 6백만 명 가까운 유럽의 유대인들이 탄압당하고 학살당했던 사건입니다. 이 끔찍한 범죄는 놀랍게도 법에 따라 저질러졌습니다. 나치 정권이 인종차별을 부추기며 '뉘른베르크 법'이라는 두 개의 법률을 통과시켰던 겁니다. 어찌 됐든 당시 법에 따랐으니 법치주의라고 말할 수 있을까요? 악법은 결코 법이 아닙니다.

왜 그런 어처구니없는 일이 벌어졌을까요? 유대인 학살에 핵심적인 역할을 했던 카를 아돌프 아이히만이라는 인물로부터 힌트를 얻을 수 있습니다. 아이히만은 히틀러 정권에서 '유대인 이주국'을 맡았던 고위 공무원이었습니다. 그의 지휘 아래 수많은 사람이 목숨을 잃었습니다. 악마 같은 사람이었을까요?

나중에 전쟁 범죄자로 법정에 선 그는 평범하기 그지없는 모습이었습니다. 그는 관료로서 법에 정한 대로, 정부의 지시에 따랐을 뿐이라고 변명했습니다. 그저 주어진 일을 성실하게 수행했을 뿐이라고 주장했습니다. 죄가 없다고 봐야 할까요? 그럴 리 없습니다. 얼마나 나쁜 일인지, 유대인들에게 얼마나 큰 피해를 주는 법인지 생각하지 않았습니다. 그게 가장 큰 죄였습니다.

이제는 그런 법이 만들어질 여지가 없을까요? 우리나라는 대의제 민주주의를 택하고 있다고 했습니다. 국민을 대신해 나라를 운영할 사람들을 선거로 뽑습니다. 법치주의를 채택하고 있으니까 당연히 견제와 균형을 이룰 것이라고 착각할 수 있습니다. 알아서 잘할 것이라면서 정치와 법에 무관심해지는 것이지요. 마치 아이히만처럼, 주

1942년의 아이히만　　　1961년 재판받는 아이히만

어진 일을 하면 된다면서 생각하지 않는 것입니다.

그럼 언제든지 국민을 엉뚱한 곳으로 끌어가는 잘못된 권력이 나올 수 있습니다. 법에 정한 절차를 지키면서 악법을 만든 다음 따르라고 할 수 있습니다. 자신도 모르는 사이 가해자가, 혹은 피해자가 될 수 있는 겁니다. 법치주의는 국가의 권력 남용을 막아 국민을 보호하는 장치입니다. 다만 껍데기만 법이 아닌, 진짜 법에 의한 법치주의가 되도록 하는 일은 다시 국민의 몫입니다.

법이란 무엇일까?

"법의 부지는 용서받지 못한다."

이런 말 혹시 들어본 적 있나요? 법학을 공부하는 사람이라면 가장 먼저 배우는 법언 중 하나랍니다. 어떤 잘못을 저질렀는데 이에 관한 법률을 몰랐다는 이유로 용서해주지 않는다는 뜻입니다. 법을 아는 사람만을 대상으로한 것은 아닙니다. 모두에게 그렇습니다. 몰랐다고 봐주기시작하면 법이 있으나 마나 해지기 때문이라고 합니다.

당황스럽지 않나요? 다른 사람을 해치거나 남의 물건을 훔치면 안 된다는 정도는 누구라도 알 수 있습니다. 그렇지 않은 법들이 문제입니다. 법률가들끼리도 옳다, 그

르다 다투는 것들이 있습니다. 사회가 복잡하고 다양해지면서 관련한 내용을 다루는 새로운 법들이 끊임없이 만들어지고 있기도 하고요.

예를 들어 누군가의 사회적 평가를 떨어뜨리는 말을 하면 명예훼손죄로 처벌받을 수 있습니다. 이런 경우는 어떨까요? 어린 자녀의 양육비를 내지 않는 비정한 아버지, 어머니가 있습니다. 잘못한 게 맞지요. 부모의 의무를 다하라며 그들의 이름을 온라인에 공개했던 적이 있습니다. 있는 그대로의 사실이었습니다. 그럼에도 법원은 그 사람들의 명예를 훼손했다며 유죄를 선고했습니다.

세상에 그런 법이 어디 있냐고 따지고 싶지 않나요? 안타깝게도 있습니다. 대한민국 형법은 설령 사실이라 할지라도 다른 사람에 관해 좋지 않은 얘기를 퍼뜨리면 형사 처벌합니다(제307조 제1항). 그런가 하면 설령 명예를 훼손했더라도 공익을 위해서였다면 용서해주기도 합니다(제310조). 법을 잘 모르면 알쏭달쏭할 수밖에 없습니다. 모든 사람을 대상으로 한다면 누구나 알 수 있어야 할 텐데, 그렇지 않은 것이 현실입니다.

도대체 누구 마음대로 그렇게 정했냐고요? 바로 여러분입니다. 법 중의 최고법이 헌법이라고 했습니다. 다시 한번 헌법 전문 일부를 인용하겠습니다. 맨 처음과 가장 마지막 부분입니다.

"유구한 역사와 전통에 빛나는 우리 대한국민은… 1948년 7월 12일에 제정되고 8차에 걸쳐 개정된 헌법을 이제 국회의 의결을 거쳐 국민투표에 의하여 개정한다."

대한국민이, 국민 전체의 의견을 묻는 투표 결과에 따라 지금의 헌법을 만든 겁니다. 다른 모든 법률은 헌법을 기초로 삼은 것이고요. 국민인 이상 여러분의 법입니다.

누구든지 따라야만 하는 이유

여전히 뭔가 억울할 겁니다. 도대체 법이 뭐길래 그럴까요? 어찌 됐든 '나'는 동의하지 않았잖아요? 맞습니다. 지금의 헌법은 1987년에 바뀌었거든요. 이 글을 읽는 독자들 대부분은 투표는커녕 그때는 태어나지도 않았을 겁니다. 법률을 만드는 국회의원을 뽑지도 않았지요.

'테세우스의 배'라는 오랜 철학 논쟁이 있습니다. 그리스 신화의 영웅 테세우스는 황소의 모습을 한 괴물 미노

타우로스를 무찌릅니다. 이를 기념하기 위해 아테네 시민들은 그가 모험 길에 탔던 배를 보관하기로 했는데요. 나무배였던지라 세월이 흐르며 이곳저곳 썩기 시작했습니다. 문제가 생겼습니다. 하나씩 새로운 판자를 갈아 넣다 보면 언젠가 원래의 배는 하나도 남아 있지 않을 텐데요. 그래도 테세우스의 배일까요?

비슷한 듯싶으면서 다른 예를 보겠습니다. 사람의 몸에서는 하루에도 수억 개의 세포가 죽고 새로 태어납니다. 머리카락, 손톱뿐만 아니라 신체 기관 대부분이 그렇습니다. 대개 1년 반 정도면 모조리 새로운 세포, 새 몸으로 바뀐다는데요. 이 경우에는 여전히 같은 사람 맞지요?

나무배와 사람 몸 사이에 결정적인 차이가 하나 있습니다. 태어난 이후 바뀌지 않고 그대로인 세포 종류가 있는데요. 신경계, 두뇌를 구성하는 뉴런이 그렇습니다. 그 덕분에 새 몸이더라도 같은 기억을 가진 같은 사람일 수 있습니다. 손발이 척척 맞게 움직일 수 있는 겁니다.

법의 역할이 그렇습니다. 지금, 이 순간에도 대한민국에서는 태어나고, 죽는 사람들이 있습니다. 끊임없이 변하면서도 국민이라는 하나의 묶음으로 존재합니다. 적어도 개념적으로 '나'를 포함한 국민 스스로가 만든 약속이 법입니다. 지키지 않을 수가 없습니다. 특별한 사정이 있지 않은 한 몰랐다는 이유로 예외를 인정하지 못하는 것입니다.

여전히 마음에 들지 않는다고요? 불만을 가질 필요 없습니다. 내가 만드는 법입니다. 입법부인 국회는 국민의 일을 대신하고 있을 뿐입니다. 많은 사람의 뜻이 모이면 마음에 드는 법으로 바꾸도록 할 수 있습니다. 헌법은 국가기관에 자신이 원하는 바를 요구할 수 있는 권리를 밝히고 있기도 한데요(제26조 제1항, **청원권**). 이에 따라 국회법에 법을 만들어 달라는 청원 절차를 두고 있기도 합니다.

법 없이 살 수 없는 사람들

법은 대한민국이라는 존재의 기억, 정보, 의식, 정체성과 같은 역할을 맡습니다. 대한민국과 함께 만들어져, 대한민국이 겪는 일들에 따라 변화합니다. 많은 사람이 모여 살기 위해 만든 것입니다. 일어날 수 있는 갈등을 예방하고 문제를 해결하는 수단입니다. 서로 부딪치지 않고 어울려 살 수 있도록 해주는 교통신호와 같습니다. 새롭게 태어나는 구성원들이 세상으로 걸어 나갈 수 있게 돕는 지도이기도 합니다.

물론 그런 역할을 하는 것이 법만은 아닙니다. 개인의 삶에 비춰봐도 그렇습니다. 소통하는 데 필요한 언어를 익히고, 가정에서 기본적인 예의를 배웁니다. 문학과 예술, 철학을 통해 삶을 이해하는 폭을 늘리고 즐기기도 합니다. 대한민국이라는 나라 차원에서도 그런 일들을 하고 있습니다.

그들 중에는 법과 비슷해 보이는 것들도 있습니다. 종교와 윤리, 도덕이라는 가르침이 그렇습니다. 동생과 사이좋게 지내라고, 친구와 다투면 안 된다고 어렸을 때부터 배웁니다. 형법 제250조의 살인죄를 모르더라도 다른 사람의 목숨을 빼앗는 일은 절대로 해서는 안 된다고 알고 있습니다. 그러다 보니 착하게 사는 사람을 '법 없이도 살 사람'이라 부르기도 합니다.

차이점이 있습니다. 법은 강제성을 띠고 있거든요. 종교에서도 다른 사람의 물건을 탐내지 말라고 가르칩니다. 다만 어기더라도 정말 신이 벌을 내리는지는 사후에야 알 수 있습니다. 가톨릭에는 신부님에게 죄를 털어놓으면 용서해주는 제도가 있기도 합니다. 대한민국 형법은 절도죄로 6년 이하의 징역이나 1천만 원 이하의 벌금에 처합니다(제329조).

기분 좋은 일이 있어 친구에게 맛난 걸 사주기로 약속해 놓고 지키지 않았습니다. 최악의 경우 사이가 나빠질 수 있겠지요. 배달 앱으로 주문하고 결제까지 했는데 음식을 가져다주지 않으면요? 채무불이행으로 소송을 걸 수 있습니다. 음식값은 물론, 경우에 따라 추가적인 손해배상을 받을 수 있습니다. 순순히 주지 않으면 법원에 집행을 청구하는데요. 배상금은 그 사람의 물건을 팔거나 그 사람 계좌에서 인출하는 식으로 마련하게 됩니다.

혼자만 사는 세상이라면 법은 필요 없습니다. 무슨 생각, 무슨 행동을 하든 다른 사람에게 끼치는 영향이 없을 테니까요. 하지만 누구도 다른 사람이 약속을 깨는 일까지 막을 수는 없습니다. 법이 지켜지지 않으면 사회와 국가가 원활하게 움직일 수 없습니다. 강제로 지키도록 해야 할 필요가 있습니다. 법 없이 살 수 있는 사람은 없습니다. 흥겹기만 한 아이돌 그룹의 창작성도 저작권법이 있어야 보호해 줄 수 있습니다.

법은 강제로 지키도록 할 수 있는 힘을 가지고 있습니다. 종교, 윤리와 다른 점입니다. 다만 과거의 왕처럼 위에서 아래로 다스리기 때문이 아닙니다. 국민이 가진 권력을 국가기관에 맡긴 것입니다. 대한민국의 주권은 국민에게 있고, 모든 권력은 국민으로부터 나오니까요(헌법 제1조 제2항). 우리 스스로의 다짐으로 허용한 것입니다. 강력한 힘이기에 반드시 법에 근거가 있을 때만 쓸 수 있도록 한 것이 법치주의라고 앞에서 살펴봤습니다.

법이 다스리는 생활관계

다행히, 법을 잘 모른다고 당장 걱정할 필요는 없습니다. 편의점에서 물건을 고른 다음 값을 치러야 가져올 수 있다는 사실은 알 겁니다. 민법 제568조에 따라 매매에는 동시이행 의무가 따른다는 구체적인 법률까지 모르더라도 말이에요. 사람들이 자주 다니는 곳으로 길이 생기는 것처럼 자연스럽게 만들어진 법이 많거든요. 대부분의 법은 어른이나 친구를 따라 살아가다 보면 익혀집니다.

게다가 법이 개인의 삶에 끼어들어 이래라저래라 간섭하는 것도 아닙니다. 생활계획표, 매뉴얼처럼 일일이 해야 할 일을 정해 놓지 않습니다. 교통신호와 지도를 예로 들겠습니다. 어딘가로 가는 길에 차도를 건너고 싶으면 초록불이 켜지기를 기다리면 됩니다. '모로 가도 서울만 가면 된다'라는 속담이 있지요. 목적지는 물론, 가는 길도 자유롭게 선택할 수 있습니다. 지도는 어디까지나 길을 헤매지 않도록 해주는 보조 수단입니다.

물론 미리 알면 아는 만큼 힘이 될 수는 있는데요. 혼자가 아닌 다른 사람과 관계를 이루면서 살아가기에 필요한 것이 법이라고 했습니다. 조금 더 구체적으로 살펴보겠습니다. 어떤 관계를 다루는 것이냐에 따라 법을 나눠 볼 수 있거든요. 크게 공적인 영역과 사적인 영역이 있습니다.

국가의 목적을 이루기 위해 필요한, 혹은 국민 전체를 대상으로 공공의 이익을 달성하기 위한 법을 **공법**이라고 합니다. 헌법, 행정법, 형법이나 각종 소송을 진행하는 절차를 정한 법들입니다. 정부 혹은 공공기관이 당사자이고, 다른 한쪽이 국민입니다. 법치주의에서 살펴봤던 법이 여기에 해당합니다.

개인들끼리의 생활 관계에 필요한 법을 **사법**이라고 부릅니다. 계약을 통해 물건과 서비스를 주고받는 데 필요한 규칙, 배우자 사이와 부모-자녀 관계를 규정해 놓은 민법이 대표적이고요. 상거래에 관해 보다 자세한 내용을 보충한 상법처럼 필요한 영역마다 각각의 법들이 있습니다. 앞서 예로 든 것처럼 매매를 하려면 물건과 돈을 동시에 주고받는다는 식의 내용입니다.

다만 당사자들끼리는 다르게 정해도 자유입니다. 서로 잘 아는 사이라면 나중에 돈을 주도록 미뤄주는 '외상'에 대해 들어본 적이 있을 겁니다. 그걸 제도로 받아들인 것이 신용카드입니다. 자유롭게 하되 일정한 선을 넘지 말라고 합니다. 선량한 풍속, 기타 사회 질서에 위반한 사항을 내용으로 하면 무효(민법 제106조)라는 식으로 한계를 정해 놓습니다.

사법 관계에서 다툼이 생기면 재판을 통해 어느 쪽이 옳은지 판단해야 하는데요. 그런 경우에는 국가기관인 법원이 나서는 공법 관계가 필요해집니다. 강제력이 동원되는데요. 각종 소송 과정을 정해 놓은 법들을 절차법이라고 따로 부릅니다. 민법, 형법처럼 권리와 의무의 내용을 정해 놓은 실체법을 절차법에 따라 적용하는 겁니다.

한편 사회가 발달하면서 사법과 공법의 중간 영역이 생겼습니다. 힘이 센 대기업과 근로자 관계가 그렇습니다. 일대일로 자유롭게 거래하도록 내버려 두면 불공평해질 수 있습니다. 정부가 끼어들어 원래는 사적인데 절반쯤은 공적 관계로 다룰 수 있도록 **사회법**이 만들어졌습니다. 근로자의 권리를 보호하는 근로기준법, 최저임금법 같은 것들입니다.

어떤 법을 가져야 할까?

사회법이 만들어졌다는 사실로부터 법에 관한 중요한 내용을 짐작할 수 있습니다. 많은 사람이 부딪치지 않고 함께 살아가기 위한 장치를 법이라고 했는데요. 그저 '함께'가 아니라 '어떻게 함께' 살아가기 위한 것인지를 빼놓을 수 없습니다. 법의 이념, 목적이라고 해야겠습니다.

왕, 귀족으로 불리는 특별한 계급이 권력을 독점했던 시대의 법은 질서 유지에 집중했습니다. 그 시대에는 다스리는 소수와 다스림을 받는 다수로 나뉘어 있었습니다. 지배계급이 원하는 방향으로 나라를 운영했으니 따로 목적을 정해 놓을 필요가 없었습니다. 앞서 살펴본, 공법에 가까운 법들이면 충분했지요.

국민이 권력의 주인인 민주주의 국가를 맞이하면서 국민은 비로소 자유로워졌습니다. 더 이상 국가가 개인의 삶에 간섭하지 않도록 하는 것이 중요했습니다. 국가의 역할은 안보와 같이 꼭 필요한 부분으로 제한했습니다. 특별한 계급을 인정하지 않고 모든 사람이 법 앞에 평등한 존재로 대우받도록 했습니다(헌법 제11조).

그렇게 자유와 평등을 강조하다 보니 다시 문제가 생겼습니다. 앞서 예로 든 대기업과 근로자처럼 어떤 관계들에서는 양측의 힘의 차이가 너무 컸습니다. 자유롭게 이익을 추구한다면서 다른 사람은 물론 환경에까지 피해를 주는 일들이 벌어졌습니다. 다시 국가에 힘을 실어줘야 해서 사회법이 만들어졌던 겁니다.

이처럼 법은 자유를 보장하면서도 어느 한쪽에 치우치지 않도록 변해왔습니다. 형식에 그치는 것이 아니라 실질적 평등을 이뤄왔던 것입니다. 앞서 법치주의에 관해 다루면서 대한민국 법의 목적에 관해 밝힌 바 있는데요. 모든 법은 헌법 전문에서 밝힌 목적을 위해 만들어졌다고 했습니다. 다시 전문 일부를 인용해 보겠습니다.

"안으로는 국민생활의 균등한 향상을 기하고 밖으로는 항구적인 세계평화와 인류공영에 이바지함으로써 우리들과 우리들의 자손의 안전과 자유와 행복을 영원히 확보할 것을 다짐하면서..."

이렇게 정해지기까지의 과정을 생각하면 단순히 좋은 말을 모아 놓은 것이 아님을 알 수 있겠지요. 설령 법을 몰랐더라도 법을 지켜야 한다는 사실을 받아들일 수 있을 것입니다. 동시에 목적에 어긋나는 법이라면 이미 법이 아니라고도 할 수 있습니다. 목적을 달성해야 하는 사람은 다름 아닌 법의 주인인 한 사람 한 사람의 국민인 만큼 그 수단인 법에 대해 알려는 노력도 필요하겠지요.

빨간불과 초록불 신호등

"국가는 개인이 가지는 불가침의 기본적 인권을 확인하고 이를 보장할 의무를 진다."

– 헌법 제10조 후문

법은 함께 사는 사회의 교통신호와 같은 역할이라고 했는데요. 신호등 빨간불에 멈춰 있으면 답답합니다. 저만치 초록불이 깜빡이는 걸 발견하면 열심히 뛰어 건너기도 합니다. 신호가 바뀌면 한참을 기다리고 서 있어야 하니까요.

기다림을 감수하는 이유가 있지요. 다른 방향을 가는 사람의 길은 열리니까요. 횡단보도에도, 차 안에도 똑같이 사람이 있습니다. 여럿이 얽히는 일을 막고, 서로 편하기 위해 초록불, 빨간불을 번갈아 켜는 것이지요. 굳이 따지면 법은 가능한 한 초록불을 켜기 위해 노력하고 있습니다. 헌법 제10조는 국민의 권리를 보장하는 일을 국가의 의무로 정하고 있습니다.

권리라는 말을 들으면 가장 먼저 떠오르는 단어가 자유일 것입니다. 하고 싶은 일을 마음껏 할 수 있는, 누구의 간섭이나 방해를 받지 않을 수 있는 권리입니다. 공부를 하든 예체능에 몰두하든 혹은 무엇을 해야 할지 몰라 헤매든 전부 포함합니다. '이래라저래라' 다른 사람 뜻에 맞출 필요 없습니다.

특히 법에서 말하는 자유는 원칙적으로 국가 권력으로부터 간섭받지 않을 권리를 가리킵니다. 대한민국 국민이라면 이미 누리고 있기에 오히려 느끼기 힘든데요. 태어날 때부터 정해진 신분에 따라 살아야 했던 조선시대나 지금도 민주주의를 갖추지 못한 국가를 떠올려 보세요. 왕 같은 절대 권력자가 시키는 대로 해야 하잖아요.

국가는 그런 자유를 비롯한 권리를 '확인'한다고 했습니다. 없는 권리를 국가가 만들어서 개인에게 주는 것이 아닙니다. 누구나 원래부터 가지고 태어나기 때문에 확인

한다고 쓴 것입니다. 게다가 '불가침'이에요. 절대 빼앗을 수 없다고 선언하고 있습니다. 거기에 맞춰 법을 만드는 겁니다.

머릿속에 의문이 떠오를 수 있습니다. 쉬운 예로, 범죄를 저지르면 받게 되는 형사처벌이 그렇습니다. 한동안 교도소에 가둬 자유를 제한하지요. 하지만 그건 다른 사람의 자유를 지키기 위한 수단입니다. 침해가 아니라 훨씬 많은 사람의 초록불을 위한 빨간불입니다. 국가가 마음대로 휘두르는 권력이 아니랍니다.

저울질로 만드는 법

인간으로서 당연히 누리는 권리를 천부인권이라고 합니다. 태어날 때부터 하늘로부터 받았다는 뜻입니다. 다만 현실에서는 국가가 이를 보장해줘야 하는데요. 자유를 비롯한 대표적인 권리들을 헌법에 정리해 놓았습니다. 다른 권리들과 구별하기 위해 **기본권**이라고 부릅니다. 그러면서 혹시 헌법에 적어 놓지 않은 자유와 권리일지라도 가볍게 여기지 말라고 했습니다(헌법 제37조 제1항). 그만큼 초록불을 강조한 겁니다.

그럼 빨간불은 언제 켜는 걸까요? 헌법은 국가안전보장, 질서유지, 공공복리를 위해 필요한 경우에만 국민의 자유와 권리를 제한할 수 있다고 합니다. 국가 자체를 지키기 위한 일과 함께 살아가기 위한 일에만 양보해 달라고 하는 것인데요. 어떻게 켜는지는 다시 한계를 짓습니다. 법률로써 제한할 수 있으며, 제한하는 경우에도 본질적인 내용을 침해할 수 없습니다(헌법 제37조 제2항).

법률에 근거를 두라고 했지요? 권력을 가진 누군가의 임의대로 할 수 없습니다. 국가가 국민을 상대로 하는 일이기에 국민의 대표인 국회의 허락을 얻어야 하는 겁니다. 앞서 살펴본 법치주의와 통하지요. 국민이 헷갈리지 않도록 명확하게 법률을 만들어야 합니다. 자유와 권리를 제한하는 일인 만큼 착각한 나머지 고개를 끄덕여 동의하지 않도록 하는 것입니다.

형식적으로 법이기만 하면 되는 것도 아닙니다. 필요한 경우인지, 본질적인 내용을 침해하지 않는지 다시 살펴봐야 합니다. 그걸 따지는 방법이 **과잉금지의 원칙**입니다. 법에 대해 저울질을 하는 것인데요. 헌법재판소는 '과잉금지의 원칙'이 목적의 정당성, 방법의 적정성, 피해의 최소성, 법익의 균형성을 가리킨다고 합니다(헌법재판소 95

헌법재판소

헌가17 결정). 이런 기준을 통과하지 못하면 헌법에 어긋나는 법률이며, 헌법재판소의 결정으로 효력을 잃고 사라집니다.

자동차는 도로에 따라 최고 속도를 다르게 정하고 있습니다. 아무리 성능이 뛰어난 스포츠카를 가졌더라도 학교 앞에서 시속 100킬로미터로 달려서는 안 되지요. '도로교통법'으로 운전하는 사람의 자유를 제한하는 일입니다. 왜 그럴까요? 등하굣길 어린 학생들의 생명과 신체를 보호하기 위해서입니다. 당연히 필요한 일이라고 할 것입니다. 동시에 목적 역시 정당하겠지요. 방법 또한 적정하다고 할 것입니다. 천천히 움직이면 분명히 사고를 예방하는 데 도움이 됩니다. 사고가 나더라도 피해를 줄일 수 있겠고요. 학교 주변 도로를 아예 통제하거나 멀리 돌아가도록 하는 것보다 피해도 적습니다. 마지막으로 어느 정도로 달리게 할 것인지 균형을 맞춥니다. 공익이 크다면 그만큼 사익이 양보해야 합니다. 그래서 고속도로, 국도, 간선도로 각각의 제한속도를 그렇게 정한 것입니다.

몸도 마음도 자유롭게

타고난 인권 중에서도 헌법이 고른 기본권들은 어떤 것들인지 살펴봅시다. 가장 먼저 역시 **자유**를 강조하고 있습니다. 전문에서부터 "자유민주적 기본질서"라고 나오는데요. 민주주의라는 정치제도 앞에 자유를 더했습니다. 전문에는 또한 "자유와 권리에 따르는 책임과 의무"라고 나오고요. 앞서 살펴본 제37조 제1항에서도 "자유와 권리"라고 했습니다.

기본권 중 하나인 동시에 대표적인 권리로 자유를 자리매김하고 있는 것인데요. 프랑스혁명 같은 역사적 사건들이 인권 보장의 시작이기 때문입니다. 왕실에 반대하는 세력을 가뒀던 바스티유감옥을 국민이 습격했지요. 권력

1789년 장 피에르 루이 로렌트 휴엘 작 '시민들에게 공격받는 바스티유감옥'

의 억압에서 벗어나 자유를 되찾은 상징적인 일이라고 볼 수 있습니다.

감옥으로부터 해방됐던 것처럼 자유에 관한 헌법 조문도 신체의 자유부터 시작합니다. 누구든지 법률에 의하지 않고는 신체의 자유를 제한하는 체포, 구속, 압수, 수색 같은 일을 당하지 않는다고 선언합니다. 법이 정한 절차에 따라 법관이 발부한 영장이 있어야만 합니다. 체포, 구속을 당한 때에는 변호인의 도움을 받을 수 있다고 합니다. 고문 같은 일은 절대로 허용하지 않는 것은 물론이고요.

앞에서도 살펴보았지만 형사 절차에 관한 법은 범죄자에 대한 처벌 못지않게 억울한 일을 겪는 사람이 나오지 않도록 각별히 조심하고 있습니다. 백 명의 범죄자를 놓치더라도 억울한 한 사람을 만들면 안 된다는 말을 들어 봤을 겁니다. 헌법이 강조하는 원칙입니다.

몸의 자유와 함께 정신적인 자유도 보장해야겠지요. 누구나 자유롭게 느끼고 생각할 수 있어야 합니다. 헌법은 양심의 자유를 시작으로 종교, 학문, 예술의 자유를 중요한 내용으로 하나씩 들고 있습니다. 한 사람 한 사람 개인인 국민을 대상으로 하는 데 그치지 않습니다. 민주주의는 다양한 의견을 자유롭게 주고받는 가운데 바로 설 수 있습니다. 이를 위해 여러 사람이 모이고 단체를 만드는 일이 필요하지요. 언론 · 출판 · 집회 · 결사의 자유를 보장합니다.

경제적 자유 또한 빼놓을 수 없습니다. 타고난 신분에 따라 혹은 국가에서 시키는 대로 따를 필요 없습니다. 하고 싶은 일을 할 수 있도록 직업 선택의 자유를 보장하고 있습니다. 그렇게 얻은 재산을 원하는 대로 쓸 수 있도록 재산권을 보장하는 사유재산 제도를 택하고 있고요. 다만 보다 큰 이익을 지키기 위해 공공복리에 적합하게 하라고 합니다. 토지처럼 한정된 자원을 활용해야 하기 때문이고요. 미래 세대를 위해 환경을 보호해야 할 수도 있습니다.

자유에 관한 헌법의 내용 일부를 살펴보았는데요. 헌법에 정해 놓지 않은 자유와 권리 역시 보장하라고 했잖아요? 개인에 따라 혹은 사회가 변화하면서 새로운 영역이 얼마든지 생길 수 있기 때문입니다. 그래도 싫다면요? 헌법에는 원하는 곳을 찾아 살 수 있는 거주·이전의 자유를 두고 있는데요. 여기서 나아가 국적 이탈의 자유 역시 보장하고 있습니다. 해외여행이나 이민이 가능한 것은 당연한 일이 아닙니다. 대한민국이 싫으면 떠나는 것까지 자유로 보장하고 있는 덕분입니다.

같은 것은 같게, 다른 것은 다르게

인권, 기본권에 관해 다룰 때면 자유와 평등을 함께 소개하는 경우가 많습니다. 가장 대표적인 권리들이기 때문일 텐데요. 막연하게 그냥 함께 묶기에는 어색한 점이 있습니다. '금수저'가 누릴 수 있는 자유와 그렇지 않은 사람의 자유는 현실적으로 많이 다르지요. 그렇다고 국가가 나서서 강제로 재산을 똑같이 나누도록 할 수는 없습니다.

차이는 경제적인 부분에 그치지 않습니다. 공부를 잘하는 친구, 음악이나 미술에 재능이 있는 친구, 혹은 아직 어떤 일을 잘하거나 관심이 있는지 잘 모르는 친구가 있습니다. 선생님이나 주변의 관심과 도움이 다르게 필요하겠지요. 알아서 잘하라고 개인의 자유에 맡겨 놓는 것으로는 부족합니다. 어떻게 해야 할까요?

헌법은 "모든 국민은 법 앞에 평등하다. 누구든지 성별·종교 또는 사회적 신분에 의하여 정치적·경제적·사회적·문화적 생활의 모든 영역에 있어서 차별을 받지 아니한다"라고 밝히고 있습니다(제11조 제1항). 평등한지 아닌지 알기 위해서라도 다른 사람들과 비교해야 하는데요. 그런 다음 무조건 똑같이 대우하라는 뜻이 아닙니다. 비교를 통해 본질적으로 같은 것은 같게, 다른 것은 다르게 하라는 것입니다. 합리적인 근거가 있는 차별을 허용하는 평등입니다. 이를테면 나라를 위해 싸우다 다친 군인이라면 우선적으로 일자리를 마련하라고 합니다(헌법 제32조 제6항).

스무 살 청년과 초등학생이 달리기 경주를 합니다. 같은 선에서 출발한다면 해보나 마나겠지요. 각자의 신체 조건을 비교해 초등학생은 어느 정도 앞선 거리에서 달리도록 해주는 겁니다. 절대적 평등이 아니라 **상대적 평등**을 보장하라는 것입니다. 컴퓨터공학에 뛰어난 재능을 가진 친구가 있습니다. 집안 형편이 곤란해 대학에 가지 못한다면 개인은 물론 국가적으로 손해일 겁니다. 장학금이나 지원금으로 기회를 준 다음 결과에 대해 평등하게 대하자는 겁니다.

물론 그런 조치가 어떤 분야에서 어느 정도로 필요한지에 대해서는 다양한 생각이 있을 수 있습니다. 간혹, 마련한 제도가 지나친 점이 있거나 어떤 이유로 오해를 사면 역차별 논란을 불러일으키기도 합니다. 군대에 다녀온 사람의 수고를 어떻게 보전해줄지 둘러싸고 일어나는 논쟁이 대표적입니다.

실질적 평등을 위한 조치에 관해 능력주의를 들어 반대하는 목소리가 나오기도 합니다. 경제적 형편이나 성별, 장애를 들어 지원하는 일이 오히려 불공평하다는 것입니다. 철저하게 개인의 노력과 능력에 따라 대가를 얻는 것이 오히려 공정하다고 주장하지요. 앞서 든 청년과 초등학생의 달리기처럼 스스로 극복할 수 없는 차이를 인정하지 않는 일입니다. 이렇게 되면 오히려 '금수저'라는 이유만으로, 노력하지 않아도 계속 '금수저'로 살 수 있게 됩니다. 무엇보다 1등만 대우받는 사회는 너무 많은 사람이 불행한 세상 아닐까요?

행복하게 해주는 나라

권력으로부터 자유롭고 누구든지 법 앞에 평등하다고 할 수 있는 국민을 '어른'에 비유할 수 있습니다. 인권의 출발은 절대왕정 시대를 극복하면서 나왔습니다. 국가로 부터의 독립을 강조하는 것이었습니다. 한 마디로 간섭하 지 말고 내버려 두라는 것입니다. 민주주의 국가의 주인 은 국민이니까요.

어른이 되면 뭐든지 마음대로 하고 좋은 일만 있을까 요? 그렇지는 않습니다. 부모님이나 어른들의 울타리가 답답하기만 한 것은 아닙니다. 비바람을 피할 지붕과 벽 만 해도 얼마나 소중한데요. 성년이 된 이후에도 한동안 함께 사는 경우가 더 많지요. 독립을 해도 여전히 가까운 친지들끼리 서로 도우면 든든합니다.

개인에게 초점을 맞췄던 전통적인 기본권을 보완할 필 요가 생겼습니다. 헌법 제10조는 "모든 국민은 인간으로 서의 존엄과 가치를 가지며, 행복을 추구할 권리를 가진 다"라고 합니다. 행복하다고 여겨지는 때는 사람마다 다르 지요. 헌법은 각자의 파랑새를 좇는 일을 존중하겠다는 것 입니다. 여기서 한 발짝 더 나아가면 어떨까요? 어떤 새를 찾든 망원경을 쥐여주면 도움이 될 겁니다. 야외활동에 편한 옷, 따뜻한 도시락이 있으면 더욱 좋겠지요. 국가가 뒷짐만 지고 서 있는 게 아니라 행복하게 해주는 겁니다.

이를 위해 새롭게 마련한 기본권이 **사회적 기본권**입니다. 국가도 할 일이 있다고 적극적인 역할을 맡긴 것입니다. 인간다운 생활을 할 권리, 교육을 받을 권리, 근로의 권리, 환경권 같은 것들입니다. 헌법에 적힌 구조부터 다른데요. 국민에게 어떤 권리가 있다고 하는 데 그치지 않고, 거기에 상응하는 의무를 국가에 주고 있습니다.

"모든 국민은 근로의 권리를 가진다. 국가는 사회적 · 경제적 방법으로 근로자의 고용의 증진과 적정임금의 보장에 노력하여야 하며, 법률이 정하는 바에 의하여 최저임금제를 시행하여야 한다 (제32조 제1항)."

혼동하면 안 되는데요. 경제적 형편이 어렵거나 다른 이유로 도움이 필요한 사람들만을 대상으로 하는 기본권이 아닙니다. 21세기 대한민국 국민이라면 누구나 일정한 수준의 삶을 누릴 수 있도록 하자는 것입니다. 근로의 권리가 딱 그렇습니다. 돈을 벌 수 있어야 먹고 싶은 걸 마음대로 먹을 수 있잖아요?

어떻게 보면 자유와 평등보다 먼저 필요한 기본권인데요. 새로운 기본권인 만큼 어떻게, 어느 정도 보장해야 할지 아직 만들어가는 중입니다. 헌법재판소조차 사회적 기본권의 효력을 다소 약하게 보고 있습니다. 국민이 헌법을 근거로 직접 국가에 이러저러한 요구를 할 수 없다고 했습니다. 이를 위한 법률이 따로 만들어져야 한다는 것이지요(헌법재판소 93헌가14 결정 등). 법이 해야 할 일은 참 많습니다.

나를 위한다며 싸우는 사람들

"모든 국민은 자신들의 수준에 맞는 정부를 갖는다."

– 알렉시스 드 토크빌

TV, 신문, 포털 사이트에 매일같이 정치 뉴스가 나옵니다. 대통령, 장관, 국회의원… 유력 정치인들이 어디에 갔다거나, 무슨 주장을 폈다고 하지요. 좋은 소식이 아닐 때도 많습니다. 자기 말이 옳다는데 그치지 않고 서로를 비방하고는 합니다. 싸우는 꼴이 보기 싫다며 정치에 관심을 두지 않는다는 사람도 있습니다.

왜들 그러는 걸까요? 국가가 어떤 일을 하려면 반드시 법에 근거가 있어야 한다고 했습니다. 필요에 의해 법을

알렉시스 드 토크빌

만들더라도 국민의 자유와 권리를 침해하지 않도록 조심
해야 하고요. 국가는 국민의 기본권을 확인하고 보장해야
하는 의무가 있으니까요. '나'를 위해 존재하는 것이 국가
입니다.

　국가, 정부는 결국 이를 대표하는 사람들에 의해 실체
를 갖습니다. 법을 만들고, 집행하는, 국가가 해야 할 일을
실제로 하는 건 당연히 사람입니다. 누가 대통령인지 그
이름을 따서 'OOO 정부'라고 부릅니다. 국회에서는 어
느 당에 가장 국회의원이 많은지를 헤아려 제1당으로 대

우하고요. 그런 사람들이 저마다 자신이 주장하는 길이야 말로 국민을 위하는 길이라고 목소리를 높이는 것이지요. 어느 쪽으로 갈 것인지 선거를 통해, 여론을 통해 국민이 선택합니다. 국민의 눈에 들기 위해 싸우는 겁니다.

싸울 수밖에 없는 제도를 만들어놓기도 했습니다. 대한민국 국민은 두 번의 중요한 투표를 합니다. 대통령 선거와 국회의원 선거인데요. 국가원수이자 행정부 수반으로 대통령을 뽑습니다. 대한민국이라는 배의 키를 잡는 선장이지요. 다만 배가 움직이기 위해서는 입법부인 국회에서 법을 만들어줘야 합니다. 법치주의의 진짜 취지라고 앞서 살펴봤습니다. 해야 할 일, 할 수 있는 일을 나눠 놓았으니까 아무래도 다투기 쉽습니다.

단순하게 싸움이라고 표현했지만, 정치적으로는 권력 분립 원칙에 따라 견제와 균형이 작동하는 과정입니다. 대통령, 수상, 총리, 뭐라고 부르든 권력을 몽땅 독차지할 수 있다면 과거의 왕과 다를 바 없을 테니까요. 권력은 집중되면 부패하기 마련이라는 역사적 교훈에서 태어난 원칙입니다. 다양한 의견을 인정하고 대화와 타협을 통해 조율하며 앞으로 나아가는 것이 민주주의라는 데 반대하지는 않을 겁니다.

말은 쉬운데요. 사실 참 어려운 일입니다. 친구들 몇몇이 주말에 무얼 하며 놀지 정하는 일만 해도 그렇습니다. 이게 좋다, 저거는 재미없다, 그게 아니면 안 한다… 대한민국이라는 커다란 배에서는 훨씬 많은 사람이, 훨씬 다양한 목소리를 냅니다. 그런 목소리를 대변해야 하는 정치인들 역시 뜻을 하나로 모으기 쉽지 않겠지요.

아직은 낯설기만 한 민주주의

역사적으로 어려운 이유도 있습니다. 민주주의의 '시작'을 고대 그리스에서 찾는데요. 아테네를 비롯한 도시국가들에서 기원전 450년경 전성기를 이뤘다고 합니다. 문제는 그 후로 아주 오랫동안 민주주의를 잊고 살았다는 것입니다. 그때부터 쭉 이어져 온 게 아닙니다. 프랑스혁명 무렵을 기준으로 삼더라도 인류가 민주주의를 되찾는 데 2천 년가량 걸렸습니다. 오늘의 민주주의는 길게 잡아도 2백 년 남짓인 거예요. 지금도 전 세계를 놓고 보면 다른 정치 체제를 따르고 있는 나라들이 많습니다.

그 긴 시간 동안 정치뿐만 아니라 종교와 윤리, 철학, 어느 영역에서도 민주주의적인 사고방식은 찾기 어려웠습니다. 아이러니하게도 서양철학의 뿌리 격인 소크라테스, 플라톤은 고대 그리스에 살았지만, 민주주의자가 아니었습니다. "정치를 외면한 대가는 가장 저질스러운 자들에게 지배당하는 일이다"라는 플라톤의 명언은 대중을 향한 가르침이 아니었습니다. 통치할 자격이 있다고 여겨졌던 엘리트들을 위한 말이었습니다.

우리나라만 놓고 봐도 그렇습니다. 1919년 임시정부의 법통을 계승한 대한민국에서는 고작해야 1백 년입니다. 아직 생활과 문화 깊숙이 민주주의가 자리 잡기에는 짧은 시간입니다. 한동안 일제 식민지 시대의 부정적인 영향마저 받았습니다. 인류는, 우리 국민은, 완전한 민주주의를 향한 항해를 계속하고 있는 것이지요. 당연히 정치가 시끄러울 수밖에 없습니다.

기본권 존중을 비롯해 민주주의 정치를 위한 여러 원칙을 밝히고 있는 헌법이 미지의 세계로 가는 지도 역할을 하는 겁니다. 자유와 평등을 누리며 모두가 행복할 수 있는 나라로 가보자는 것입니다. 이를 위해 길을 찾는 방법, 갈등이 생길 때 풀어야 할 방법들을 법과 제도로 마련하고 있지요. 가장 대표적인 것이 다수결의 원칙입니다.

1509년 라파엘 작 '아테네 학당'의 플라톤

"국회는 헌법 또는 법률에 특별한 규정이 없는 한 재적의원 과반수의 출석과 출석의원 과반수의 찬성으로 의결한다."
– 헌법 제49조

　　과반수 출석과 과반수 찬성에만 눈을 돌리면 오해하기 쉬운데요. 다수결의 원칙은 단순하게 숫자만 헤아려 결론을 얻자는 것이 아닙니다. 더 중요한 것이 의결을 위한 과정입니다. 간식으로 떡볶이를 먹자는 친구들과 햄버거가 좋다는 쪽으로 나뉘어 있다고 칩시다. 당장 손을 들어 결론을 지어야 할까요? 그 전에 양쪽의 얘기를 들어보는 겁니다. 어느 한쪽으로 설득이 될 수 있고요. 빵집으로 방향을 틀 수도 있습니다.

그런 과정이 민주주의에서는 더 중요합니다. 숫자가 많다고 성급하게 결정하다 보면 다수의 횡포로 이어지기 쉽습니다. 그 다수마저 목소리가 큰 몇몇에 의해 좌우된다면 민주주의를 빙자한 독재로까지 떨어질 수 있습니다. 다양한 의견을 존중하면서 가능한 한 많은 사람이 동의할 수 있도록 차이를 좁혀가는 노력이 필요합니다. 그래야 많은 사람이 함께하는 보다 큰 다수로 발전할 수 있겠지요. 이래저래 민주주의는 쉽게 이룰 수 없습니다.

국민이 하는 저울질

혹시 '여소야대與小野大'라는 말을 들어본 적이 있나요? 대한민국은 행정부와 입법부를 완벽히 분리하지 않는 정치제도를 선택했습니다. 대통령은 국가원수이지만 특정 정당 소속일 수 있습니다. 대통령이 속한 정당을 집권당 또는 여당이라고 합니다. 정당의 주된 활동무대는 국회인데요. 국회의원은 행정 각부의 수장인 장관을 맡을 수도 있습니다.

여당 국회의원의 숫자가 많을 경우 대통령은 행정부를 이끌기가 쉽습니다. 아무래도 국회에서 원하는 법을 통과시키기 편할 테니까요. 여당 의원들을 장관으로 기용하면 행정부, 입법부가 한뜻으로 움직일 수 있습니다. 물론 서로를 견제하는 힘은 상대적으로 약해지겠지요.

대통령이 하는 일에 대한 지지가 높으면 국민은 국회의원을 뽑는 총선에서 여당 의원들의 숫자를 늘려 줍니다. 하고 싶은 일을 마음껏 하라고 지원해 주는 겁니다. 반대로 국민을 위한 정치가 아니라고 판단하면 대통령이 속한 정당이 아닌 다른 정당에 표를 줍니다. 그 결과 나타나는 현상이 여당보다 야당 의원의 숫자가 많은 여소야대입니다. 행정부와 입법부 중 어느 쪽도 자기 마음대로 못 하는, 국민이 강제로 잡아주는 견제와 균형인 셈입니다.

이렇게 되면 대통령이라고 할지라도 야당의 협조 없이는 법의 뒷받침이 필요한 정책을 펼칠 수 없는데요. 애초에 지향점이 다르면 타협하기 쉽지 않습니다. 예를 들어 새로운 고속도로를 만들려고 합니다. 대통령은 효율성을 강조하면서 터널을 뚫으려 합니다. 다수인 야당은 환경보호를 위해 터널을 뚫지 말고 주변으로 돌아가자고 합니다. 그런 차이를 극복하라는 것이 국민의 뜻입니다.

보통은 정당별로 바라는 방향을 담은 법률안을 만듭니다. 우리 헌법은 국회의원뿐만 아니라 정부에도 법률안 제출권을 주고 있습니다. 정당들과 정부가 내놓은 법률 후보들이 테이블에 등장하지요. 국회에는 여러 전문 분야별로 담당하는 위원회가 꾸려져 있습니다. 소속 국회의원들이 각각의 내용들을 비교하며 합의점을 찾아가는 겁니다.

회의하는 과정이 언론을 통해 공개됩니다. 저마다 각자의 의견이 옳다고 국민에게 호소하기도 합니다. 자연스레 이에 따라 조성되는 여론이 반영되겠지요. 고속도로가 지나는 구간에 따라 어느 지역은 생태계를 중요하게 여기고 어느 지역은 사용자 편의에 무게를 두기로 정해집니다. 꽉 막혀 보였던 길이 열리고 대한민국은 앞으로 나아가는 겁니다.

물구나무를 선 법치주의

여전히 풀리지 않는 일도 종종 벌어집니다. 검찰의 수사권을 놓고 정치인들이 대립했던 적이 있습니다. 먼저 검찰의 권한이 지나치게 크다 보니 인권침해가 벌어진다는 비판이 나왔습니다. 검사가 누군가에 대해 편견과 선입견을 가지고 수사를 시작하면 누명을 쓰기 쉽다고 지적했습니다. 수사는 경찰이 맡고 검사는 원칙적으로 법률검토만 하는 걸로 역할을 나눴습니다. 일종의 권력분립인 셈입니다.

그러자 검찰을 비롯해 반대하는 쪽에서도 인권을 들고 나왔습니다. 검사의 힘을 약하게 하면 범죄자들이 날뛴다는 것입니다. 범죄자가 아니라 피해자를 보호하는 데 집중해야 한다고 주장했습니다. 그러려면 검사가 수사를 할 수 있어야 한다고 했습니다. 타협점을 찾지 못하다 엉뚱한 상황이 만들어졌습니다.

국회에서 만든 법률에는 "부패, 경제범죄 등 대통령령으로 정하는 중요 범죄"만을 검사가 직접 수사할 수 있다고 했거든요. 그걸 받아들이기 싫었던 법무부가 '등'을 강조하고 나섰습니다. 이런저런 범죄를 다 '등'에 포함시키는 걸로 시행령을 바꿔 버렸습니다. 공무원이 뇌물을 받았다면 '부패'한 것이니까 여전히 검사가 수사할 수 있다는 식으로요.

법에도 서열이 있습니다. 최고법은 헌법이고요. 그다음이 법률, 명령, 조례, 규칙입니다. 근거가 있습니다. 헌법은 모든 국민이 직접 참여하는 국민투표로 만들어집니다.

법률은 국민의 대표인 국회의원들이 국회에서 정합니다. 국가기관이 법률에 따라 일하다 보면 보다 자세한 내용이 필요할 수 있는데요. 공무원들이 명령이라는 이름으로 만듭니다. 당연히 법률에 어긋나지 않는 범위에서 만들어야 겠지요(시행령도 명령입니다). 조례와 규칙은 해당 지방자치단체에만 통하는 규범이고요.

이해를 돕기 위해, 좋은 대학에 진학하는 것을 목표로 삼는다고 해볼까요? 헌법의 위치입니다. 구체적으로 국어, 영어, 수학 등 과목별로 교재와 학습 시간을 정합니다. 법률의 위치입니다. 더 자세하게, 영어라면 문법, 독해, 단어 암기를 나눠 명령을 만드는데요. 뜬금없이 영어 학습 시간에 일본 애니메이션을 보면 어떨까요? 외국어에 대한 이해를 돕는다면서요.

'등'에 각종 범죄를 포함시킨 시행령을 두고 법률을 주도한 정당에서는 위 예시처럼 취지에 맞지 않는다고 했습니다. 위아래 서열이 뒤바뀐 법체계라고 비판했지요. 법무부는 애초에 법률에서 폭넓게 여지를 준 것이니 괜찮다고 맞섰고요. 드물지만 이처럼 국회와 행정부가 끝까지 각자의 고집을 꺾지 않는 일이 있습니다. 어디서 해결책을 찾아야 할까요? 결국 국민의 몫입니다. 다음 대통령,

국회의원을 뽑는 선거에서 어느 쪽의 손을 들어주느냐에 따라 정해집니다.

법의 주인

지금까지 법에 관해 나눴던 이런저런 얘기들은 결국 하나로 모아집니다. 법의 주인이 국민이라는 사실입니다. 법의 서열에서 헌법이 최고인 이유를 국민투표로 들었습니다. 국가의 주인이 국민인 민주주의 국가에서 전체 국민의 뜻을 모아 만든 헌법보다 높은 법은 있을 수 없습니다. 그 아래 법들은 모두 헌법의 이상을 실현하기 위한 것들입니다. 최고법을 만들었으니 당연히 국민이 법의 주인인 것이고요.

주인이 국민이라고 해서 법이 종이나 부하는 아닙니다. 오히려 아끼고 보살펴야 하는 존재입니다. 다른 사람의 권리를 존중하는 한편 자신의 권리를 잃지 않으려는 노력도 해야 합니다. 누군가는 법을 자기편으로 끌어들여 마음대로 휘두르는 칼처럼 쓸 수도 있습니다. 알아서 잘해주겠거니 하다 엉뚱한 피해를 볼 수도 있습니다.

우선 법에 관해 알고 이해해야겠지요. 쉬운 일은 아닙

니다. 과거보다 훨씬 복잡해진 삶의 방식만큼 법도 복잡해졌거든요. 시대의 변화에 맞춰 종종 새롭게 만들어지고 바뀌기까지 합니다. 어떻게 달라지는지 눈을 크게 뜨고 지켜봐야 합니다. 잘못 만들어졌으면 비판하고 바꿔 달라고 목소리를 높일 줄도 알아야 합니다. 얼마나 예쁜 법이 될지는 주인이 돌보기 나름입니다.

일단 관심을 가지는 일부터 시작하면 됩니다. 날마다 반복하는 생활 속에 법의 원리가 녹아 있습니다. 속해있는 집단, 앞으로 하고 싶은 일에 관해 법은 어떻게 정하고 있는지 알아보는 것도 좋습니다. 자신에게 유리한 내용만 쏙 집어 기억하지 말고, 다른 사람들과의 관계에서 그렇게 만들어진 이유를 찾아보는 일도 필요합니다. 개인들이 모여 사회를 만들고, 커다란 사회인 국가를 이루면서 법을 만든 것이니까요. 더 나은 공동체로 함께할 수 있는 법을 가꾸는 것이 나와 모두의 행복을 위한 길입니다.

대한민국과 법의 미래

끊임없이 변하는 대한민국을 하나로 묶어 주는 것이 법이라고 했습니다. 사람으로 치면 기억, 의식처럼 정체성을 유지해 주는 역할이라고요. 물론 대한민국과 함께 변하기도 해야 합니다. 아무리 멋진 옷이라도 몸이 자라 맞지 않게 되거나 낡아져 시대에 뒤떨어지기도 하니까요.

옷에 비교해 예를 들었는데요. 새 옷을 고르는 일이 생각보다 쉽지 않을 때가 있습니다. 낡은 옷이 편해 그대로 입고 싶을 수도 있습니다. 필요한 변화인지, 그저 유행을 따르는 건지 헷갈리기도 합니다. 법을 바꾸는 일은 그것과 비교조차 할 수 없을 만큼 어려울 때가 많습니다. 수많은 사람의 이해관계가 얽혀 있습니다. 옳고 그름을 판단하는 기준도 저마다 제각각일 때가 많고요.

마무리 삼아 지금까지 이야기를 나눠봤던 법과 제도 중 그런 논란에 휩싸인 몇 가지를 짚어볼까 합니다. 앞서 가볍게 다뤘던 것도 있고요. 처음으로 꺼내는 내용도 있습니다. 어떤 방향이 좋을지 한번 생각해보기 바랍니다. 여러분이 바꿔 나가고 여러분이 살아가야 할 대한민국의 미래를 정하는 일이니까요.

잘못을 저지른 검사의 책임

헌법재판소는 2024년 헌정사상 최초로 탄핵 소추됐던 현직 검사에 대한 재판을 열었습니다. 이런 이유 때문이었습니다. 간첩 혐의로 수사와 재판을 받은 사람이 법원에서 무죄를 받았습니다. 억울한 누명을 썼던 피해자인 셈인데요. 무죄 판결이 나오자 검사는 이미 처벌하지 않기로 결정했던(기소유예) 다른 사건을 꺼내 재판에 넘겼습니다.

이에 대해 국회는 검사가 공권력을 휘둘러 보복에 나선 것으로 봤습니다. 검사에게 파면 결정을 내려 달라고 헌법재판소에 요청했습니다. 헌법 제65조는 검사가 "그 직무를 집행함에 있어서 헌법이나 법률을 위배한 때" 국회로 하여금 탄핵을 추진할 수 있도록 했거든요. 헌법재판소의 결론은 찬성이 4명, 반대가 5명이었습니다. 파면하지는 않았지만, 잘못을 인정한 의견도 많았던 것입니다.

이를 시작으로 국회는 다른 몇 명의 검사에 대해 역시 탄핵 소추를 의결했는데요. 과연 이처럼 검사에 대해 국회가 책임을 묻는 일이 옳으냐를 두고 논란이 벌어졌습니다. 헌법으로 만들어 놓은 제도인데 왜 그랬을까요? 검사에 대해서는 2024년 탄핵 재판이 헌정사상 최초였다고 했잖아요? 실제로 쓰인 적이 없는 데는 그만한 이유가 있다며 반대할 수 있습니다. 무엇보다 정치적인 입장에 따라 검사의 법 집행을 방해하는 수단으로 쓰일 수 있다는 걱정을 할 수도 있습니다.

찬성하는 쪽에서는 검사는 다른 사람의 죄를 묻는 자리인 만큼 스스로 더욱 깨끗해야 한다는 점을 지적했습니다. 오히려 반대로 검사는 잘못을 저질러도 아무 책임을 지지 않는 것처럼 보이는 사건들이 있었거든요. 헌법으로 국회에 주어진 탄핵이라는 수단을 쓰는 것이 정당하고 필요하다고 주장합니다.

수사권 조정과 고위공직자범죄수사처

근본적인 문제로 검찰에 지나치게 많은 권한이 집중됐다는 사실을 지적하는 목소리가 높았습니다. 대표적으로 검찰은 수사권과 기소권을 독점하고 있었습니다. 삼권분립으로 알 수 있다시피 민주주의는 권력 기관끼리의 견제와 균형을 원칙으로 삼고 있습니다. 검찰에 대해서는 그런 장치가 부족했습니다.

우선 검사가 잘못을 저질러도 검사만이 수사할 수 있었던 제도를 바꿔야 했습니다. 아무래도 '제 식구 감싸기'를 하지 않겠느냐는 말이 나오기 쉬운 구조였으니까요. 문제가 있는지 없는지 다른 기관이 들여다보도록 했습니다. 2021년 고위공직자범죄수사처(공수처)가 출범했습니다. 법원, 검찰, 경찰을 비롯한 고위 공직자들의 비위를 별도로 수사할 수 있도록 했습니다. '힘이 센 사람들'을 골라 상대하도록 한 것입니다.

검사의 수사권 자체를 조정해야 한다는 논의가 함께 이뤄졌습니다. 경찰이 수사한 사건을 검찰이 다시 들여다보도록 한 이유는 인권보장을 위해서라고 했습니다. 혹시 경찰이 엉뚱한 사람을 범죄자로 모는 일을 막을 수 있으

2021년 1월 21일 고위공직자범죄수사처 현판 제막식

니까요. 사람이니까 가질 수 있는 선입견, 편견을 거를 수 있도록 한 것입니다. 처음부터 검사가 수사하면 그런 안전장치가 없어지는 셈입니다. 검사가 누군가를 범죄자로 낙인찍으면 억울한 일이 생길 수 있습니다.

수사는 경찰이 맡고, 법률전문가인 검사는 재판에 집중하도록 하자는 논의가 이뤄졌습니다. 일부 범죄를 제외하고는 원칙적으로 경찰이 수사를 맡도록 법률이 만들어지기도 했습니다. 이에 반대하는 목소리도 나왔습니다. 법무부 장관과 일부 검사들은 2023년 그런 법률은 잘못이라면서 헌법재판소에 소송을 걸기도 했습니다. 검찰과 경찰이 어떻게 역할을 나눠야 하는지 여전히 정리되지 않았습니다.

검찰의 수사권 제한에 반대하는 입장 역시 인권보장을 이유로 내세웁니다. 검찰이 수사를 못 하면 범죄자가 제대로 처벌받지 않고, 피해자의 고통이 늘어날 수밖에 없다고 주장합니다. 공직자의 부패, 대기업의 경제 범죄에 대해 제대로 대응하려면 검찰이 수사권을 유지해야 한다고 맞섭니다.

검찰의 수사권 제한에 찬성하는 쪽에서는 검찰이 권한을 남용해 왔다고 다시 반박합니다. 제 식구 감싸기뿐만 아니라 특정 정치 세력을 위해 선택적으로 법을 집행하는 일이 이어졌다고 주장합니다. 수사권, 기소권을 하나의 조직이 독점하는 일은 법체계에 맞지 않다고 강조하지요. 검찰만이 사회 정의를 구현할 수 있다는 식의 주장은 오만이라고 합니다.

집단소송과 징벌적 손해배상

집단소송에 관해서는 앞서 가볍게 살펴보기는 했는데요. 구체적인 사례와 함께 조금 더 깊이 생각해 볼까요? 2019년 세계적인 축구 스타 호날두 선수가 소속팀과 함께 한국을 찾았던 일이 있습니다. 막상 열린 경기에 호날두는 출전하지 않았습니다. 실망한 관중들이 정신적 피해를 보았다며 나섰고요. 법원은 입장권 금액의 60퍼센트를 돌려주라고 했습니다.

이처럼 하나의 사건으로 많은 피해자가 나올 때 집단소송을 벌인다는 소식이 들립니다. 하지만 이런 사례는 원래 의미의 집단소송은 아닙니다. 시민단체나 로펌이 참가자를 많이 모아 손해배상 청구 소송을 진행하기에 집단이라고 부를 뿐입니다. 예로 든 축구 경기에서 소송에 참여하지 않은 관중들은 손해배상을 받지 못했습니다. 입장권을 산 사람들이 누구인지는 쉽게 알 수 있는데도 불구하고요. 진짜 집단소송은 그럴 때 피해자 중 한 사람만 나서더라도 같은 손해를 입은 모두 구제받을 수 있도록 해주는 것입니다.

예를 들어 대기업 제품으로 한 사람 한 사람이 입은 개별적인 피해는 적을지라도 사회 전체에 큰 문제를 일으켰다면 그에 맞는 책임을 지도록 하자는 원리입니다. 뉴스로 알려질 만큼 화젯거리가 아니더라도 그런 일은 얼마든지 있을 수 있으니까요. 그래야 기업이 충분히 경각심을 가지고 일할 테니까요. 우리 법은 증권 관련 소송에만 일부 도입하고 있습니다.

비슷한 취지에서 **징벌적 손해배상** 역시 필요하다는 주장이 있습니다. 민사소송에서는 계약 위반, 불법행위에 대해 피해자가 입은 손해만큼만 계산하는 것을 원칙으로 삼고 있습니다. 일반인들끼리의 법률관계에서 벌어진 일이라면 당연하겠지요. 그런데 경제 규모가 커지다 보니 그런 조치로 피하기 어려운 일이 벌어질 수 있습니다. 어느 기업이 소비자 건강을 해칠 수 있는 제품을 개발했다고 가정해 볼까요? 만약 실제로 누군가 죽거나 다쳐서 기업이 손해배상을 하더라도 판매로 얻는 이익이 훨씬 클 수 있습니다. 그럼 기업 입장에서는 아무래도 위험성에 눈감게 되지 않을까요?

그런 일을 막기 위해 손해보다 훨씬 많은 금액을 배상하도록 하는 것이 징벌적 손해배상입니다. 기업은 소비자 피해가 걱정되는 일에 관해 훨씬 꼼꼼하게 점검하겠지요. 앞서 다룬 집단소송과 징벌적 손해배상을 결합하면 어마어마한 손실을 볼 수 있으니까요. 실제로 미국, 영국에서는 상품에서 조그마한 하자만 발견해도 먼저 소비자에게 알리고 고쳐 줍니다. 미루다 징벌적 손해배상을 당할까 두려우니까요.

물론 반대 의견도 있습니다. 민사소송의 원칙을 깨는 일이라는 것입니다. '징벌'은 형사책임을 묻는 것으로 해결해야 한다는 것입니다. 잘못을 저질러 벌금을 내면 국가가 받는 것이 맞다고 주장합니다. 자기가 입은 손해보다 훨씬 많은 돈을 받게 되면 자칫 소송을 남발하는 일로 이어질 수 있다고 경계합니다. 우리나라에도 몇몇 법률에 도입하고 있기는 한데요. 실제 적용된 사례를 찾아보기는 힘듭니다.

인공지능과 재판

안타깝게도 법을 바라보는 우리 국민들의 시선은 싸늘한 편입니다. 경찰, 검찰, 법원에 대한 신뢰도는 다른 나라들과 비교해 오래전부터 최하위권입니다. 검찰의 문제점에 대해서는 앞서 개선책과 함께 다뤄봤는데요. 법원의 판결에 대한 불만 역시 많습니다. 판결이 너무 늦어지거나 한쪽으로 치우친다고 지적합니다. 사실 여부를 떠나 음주운전, 성범죄, 아동학대 등에 관한 처벌이 너무 가볍다고도 합니다.

어떤 점에서는 판사에 대한 불신이 훨씬 심각한 문제입

니다. 사회적 갈등을 판결로 풀어주는 역할이잖아요? 법원의 답을 믿지 못하면 갈등이 수그러들지 못합니다. 민사소송, 형사소송을 가리지 않고 재판이 끝난 뒤에도 다툼이 이어질 수 있습니다. 영화·드라마에는 공권력 대신 사적으로 복수하는 주인공이 등장합니다. 범죄자가 제대로 처벌받지 않았다면서 유튜브로 누군가의 신상을 공개하는 일이 벌어집니다.

어떤 해결책이 있을까요? 재판에 충분히 시간을 투자할 수 있도록 판사 숫자를 늘리는 방법을 제안하기도 했는데요. 중요한 재판의 결론을 배심원단이 내리는 국민참여재판에 관해서도 다뤘고요. 그런 방법들을 넘어 아예 판사를 인공지능(AI)으로 바꾸자는 목소리까지 나오고 있습니다. 편견 없이 누구에게나, 어떤 사건에도 동등한 재판을 할 수 있을 것이라는 기대입니다. 과연 그럴까요?

인공지능은 인간이 만들어낸 많은 데이터를 학습한 다음 비슷한 사건에 적용할 수 있는 능력을 갖췄습니다. 방대한 양의 법조문과 그걸 적용한 판례들을 모조리 알 수 있습니다. 판사 못지않게 정확한 판결을 할 수 있어 보입니다. 실제로 대법원은 음주운전 사건들로 실험을 해봤습니다. 술을 마신 정도, 운전한 거리, 과거 음주운전 사실

등을 입력했더니 사람과 다를 바 없는 판단을 했습니다. 활용 가능성을 부인할 수 없어 보입니다. 이미 우리나라는 물론 세계 각국에서도 재판 결과를 예측해주는 인공지능 법률 서비스를 하고 있습니다.

다만 판사를 대체하는 일에는 한계가 있을 겁니다. 인공지능은 기존에 만들어진 정보를 바탕으로 삼는데요. 국회에서는 새로운 법률을 꾸준히 만들고 있습니다. 날마다 조금씩 세상이 달라지고 있으니까요. 대법원에서 새로운 판례가 만들어지기도 합니다. 똑같은 법을 적용하는 사건인데 이전과 다른 방향으로 결론을 내리는 것인데요. 과거의 정보를 기반으로 하는 인공지능이 이전까지와 다른 판결을 시도할지 기대하기 어렵습니다.

진실을 발견하는 일 못지않게 그 절차 역시 적법해야 한다고 했는데요. 그런 부분 역시 인공지능이 찾아내기는 어렵지 않을까요? 또한 판단의 기초가 되는 자료 자체가 잘못된 경우도 있을 수 있고요. 같은 말이라도 듣는 사람에 따라 좋게도, 나쁘게도 해석할 수 있잖아요? 역시 인공지능이 알아차리기 어려울 겁니다.

분명히 효율을 높이는 쪽으로 활용할 수는 있을 겁니다. 기계적으로 반복하는 일에 관해서는 사람보다 훨씬 낮기도 할 겁니다. 그런 일을 맡기면 재판에 쓰는 시간을 줄일 수 있고요. 여유가 생기는 만큼 사건에 대해 인간으로서 더 깊은 관심을 쏟을 수 있을 겁니다.

기술이 얼마나 발전하든 어떻게 쓰이느냐는 결국 사람에게 달렸습니다. 사실 법과 제도 역시 그렇습니다. 법전을 아무리 훌륭하게 만들어 놓더라도 취지를 살려 제대로 지키지 않으면 휴지 뭉치나 마찬가지겠지요.

1987년 만들어진 헌법

법과 관련해 인공지능 이야기까지 나오는 걸 보면 세상은 정말 빨리 변하고 있는 게 맞습니다. 법을 둘러싸고 커다란 숙제가 생긴 셈입니다. 대한민국이라는 나라를 이루는 원칙과 원리가 헌법입니다. 헌법이 밝히고 있는 목표를 달성하기 위해 민법, 형법을 비롯한 수많은 법이 만들어지고 있고요. 이제는 그 헌법 자체를 바꿔야 할 필요가 있지 않을까요?

1948년 처음 만들어진 이후 9차례의 개정을 통해 지금의 헌법이 만들어졌습니다. 그 무렵과 지금의 21세기는 어마어마하게 다릅니다. 대표적인 예로 그때는 인터넷이

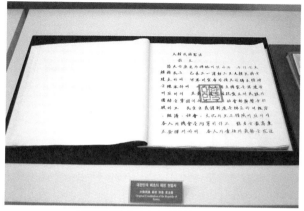
전쟁기념관에 전시된 제헌 헌법 첫 장

없었습니다. 온라인이라는 공간에 대해 알지 못했습니다. 당연히 그에 관한 내용이 헌법에 존재하지 않습니다. 국민의 삶에서 차지하고 있는 비중에 비춰보면 커다란 구멍이 뚫려 있는 셈입니다.

환경 문제도 심각해졌습니다. 이상기후가 이상하다고 여겨지지 않을 만큼 자주 일어나고 있습니다. 탄소배출을 줄이는 일에 전 세계가 함께 나서고 있는데요. 우리 헌법에는 그저 "국가와 국민은 환경보전을 위하여 노력하여야 한다"라는 정도로만 나와 있습니다. 보다 구체적으로 실천에 나설 수 있는 근거를 담아야 할 때가 지났습니다.

사회현상도 많이 달라졌습니다. 수도권 집중, 출산율

저하로 인한 인구감소, 고령화처럼 해결해야 할 숙제들이 쌓이고 있습니다. 선진국 대열에 합류했다고 할 만큼 경제적으로 발전했지만, 약자에 관한 보호는 그에 미치지 못하고 있습니다. 어려운 사람을 돕는다는 소극적인 접근이 아니라 대한민국에서 태어난 사람이라면 당연히 누릴 수 있는 적극적인 권리로 끌어올려야 합니다.

정치적인 변화도 빼놓을 수 없습니다. 1987년 헌법은 민주주의에 관한 뜨거운 열망으로 바뀌었습니다. 대통령을 국민의 손으로 직접 뽑도록 한 것만으로도 커다란 결실이었습니다. 다만 그 이후 여러 가지 사건들을 겪으며 개선할 부분들이 드러났습니다. 지나치게 많은 권한이 대통령에게 집중돼 있다거나, 지방자치를 더욱 강화해야 한다는 지적들이 있습니다. 국민의 권리를 더 충실하게 보장할 수 있는 방향으로 정치제도를 보강하자는 것입니다. 지금까지 살펴본 법과 관련한 문제들도 모두 포함해 고민해야 할 겁니다. 지금의 우리, 여러분의 미래를 만드는 일입니다.